Das Bremer Schnackbuch

Daniel Tilgner

Das Bremer Schnackbuch

Begriffe, Redensarten und 'n büschen Tünkram

Mit 144 Abbildungen

EDITION TEMMEN

Inhalt

»Tööf-man-Brunnen« und »Eisenbahnunglück«: Der Teichmann-Brunnen auf
dem Domshof bot mehrfach Stoff zur
Diskussion und brachte es gleich auf
zwei Beinamen und – alles nachzulesen auf S. 54

Kurz was zum Buch vorwech

Wie schön einzigartig Bremisch *wörklich* klingt, können auch in Bremen Geborene oder hier Aufgewachsene am besten beurteilen, wenn sie es eine Weile (zwei, drei Jahre sollten es schon sein) nicht gehört haben. Spätestens bei der Rückkehr an die Weser machen sie nähere Bekanntschaft mit den Eigenheiten der Bremer Sprachfärbung.

Beim Einkaufen auf dem Markt, bei der Fahrt mit der Straßenbahn, unter den Zuschauern eines Fußballspiels oder in der Unterhaltung mit alter Bremer Verwandtschaft auf Familienfeiern – wer genau hinhört, kann den Klang und bestimmte Wendungen bremischer Sprache variantenreich erleben.

Zwar ist das Missingsch, wie die prägnante Vermischung von Platt- und Hochdeutsch genannt wird, mittlerweile weitgehend ausgestorben, aber manche Sprachperlen haben sich doch erhalten.

Viel von dem heute verlorenen Bremisch findet sich in der Literatur. Ob in den Büchern von Ada Halenza, von Walter A. Kreye oder in den Wortlisten, die zum Beispiel in den Anfang der 1970er Jahre erschienenen Bremen-Handbüchern (»zuhause in Bremen«) anhingen, oder in den Geschichten von Hermann Gutmann – es ist zum Glück reichlich aufgeschrieben worden. Auch während dieses Buch gedruckt wird, rufen »Weser-Kurier« und »Bremer Nachrichten« ihre

Leserinnen und Leser auf, altes »Bremisch« zur Veröffentlichung aufzuschreiben und einzusenden.

Ein schlichtes Wortverzeichnis als Buch herauszubringen, ergäbe nur eine kurze, schnell ausgelesene Liste. Deshalb wurden hier nicht nur sprachliche Besonderheiten und Redewendungen, die ja die eigentlichen »Schnacks« darstellen, aufgenommen, sondern auch typische Begriffe. Zwar sind mit Herbert Schwarzwälders inzwischen dreibändigem Bremen-Lexikon und dem älteren kleinen Bruder aus den Federn von Werner Kloos (und Reinhold Thiel) zwei Nachschlagewerke vorhanden. Aber beide Lexika haben einen anderen und höheren Anspruch, in ihnen geht es kurz und knapp um den Kern der Dinge, und es gibt kaum nach Lust und Laune geschaffene und mit ironischem Unterton abgehandelte Stichwörter, wie zum Beispiel »Diskomeile«, »Einkaufszentrum mit Rakete«, »Kleine Bismarckstraße« oder »Papageienhaus«. Sie erscheinen hier, weil sie als Begriffe vom »Volksmund« geformt wurden und in dieser Eigenschaft zu den Stichwörtern mit rein sprachlichen Besonderheiten passen. In weiteren Schrit-

ten wurden allgemeine Bremer Begriffe aufgenommen, wenn in ihren Erklärungen bislang weniger bekannte oder regelmäßig übersehene Details eingeflochten werden konnten oder Dinge, die einst im Alltag bekannt waren und dann in Vergessenheit gerieten.

Rein historische Stichwörter lieferten zum Beispiel die umgangssprachlichen Namen der Ansgarii- und der Martinikirche (Scharskarken und Ollermannskarken). Personen wurden nur dann aufgenommen, wenn sie im Laufe ihres Wirkens von der Öffentlichkeit einen Ökel-, also einen Spitznamen erhalten haben. Nur weil sie Präsidenten des Bremer Senats waren, sind Hans Koschnick und Henning Scherf keine Artikel im Buch wert – aber die Ausdrücke »Der große Manitu« und »Omaknutscher«/»Spontifex maximus« dürfen in dieser Sammlung nicht fehlen. Andere Namen und Schicksale verbergen sich in ganz kleinen oder ziemlich großen Zusammenhängen wie den Begriffen »Papendiecker« oder »Rom des Nordens«. Nur sehr wenige Straßennamen sind aufgenommen, und nur dann, wenn Besonderheiten dazu erzählt werden sollten.

Das »Schnackbuch« ist eine weitgehend unsystematische und aus persönlicher Liebhaberei entstandene Sammlung von »Bremensien«, von denen viele natürlich auch im weiteren norddeutschen Umfeld der Hansestadt zu hören sind. Es ist zu hoffen, dass ihre einzelnen Bestandteile je für sich ausreichend interessant sind oder zumindest in der Zusammenschau als unterhaltende Lektüre taugen. Viele Stichwörter der *bremüschen Spraachwölt* sind zufällig hineingeraten, andere wurden gezielt zugetragen, und wieder andere sind in der Literatur zu finden. Und dann gibt es noch den Haufen Begriffe, die der Autor vergessen oder von denen er noch nie etwas gehört hat oder für die ihm der angemessene Zugang fehlte. Für alle diese Versäumnisse und weitere Fehler ist hier um Entschuldigung zu bitten.

Ferner dankt der Autor den Verfasserinnen und Verfassern der im Literaturverzeichnis genannten Titel im Allgemeinen und speziell für zahlreiche Auskünfte, Korrekturen und Hinweise ganz herzlich Uwe Bölts, Malis Breuel-Steffens, Prof. Dr. Jörn Bullerdiek, Hermann Gutmann, Dr. Fritz Lohmann, Dieter Lutter, Peter Reinhold, Dr. Peter Reischauer, Dr. Götz Ruempler, Astrid Schneider-Kaschke, Jochen Wissmann und Dr. Sylvelin Wissmann (»Messho«!) und ganz besonders Klaus Wolf, Yvonne Kölling und Dr. Christoph Schottes für ihre vielfältige Hilfe und Unterstützung.

Ebenso ist allen Bildgebern zu danken, besonders Hannelore Bade von der begehbaren Schatzkammer, dem Bremer Landesmuseum für Kunst und Kulturgeschichte, Focke-Museum.

Zur Neuauflage 2016

Hurra, endlich – die vierte Auflage ist da! Der Autor dankt ganz herzlich für alle Zuschriften und Hinweise (z.B. von Dr. Edmund Vollmer), ebenso Sebastian Müller von der Edition Temmen für die gute Zusammenarbeit und Dr. Albert Schnelle für wertvollen Austausch (und die Erinnerungen an die Erzählungen von einer 150-prozentigen Bremerin, nämlich seiner »Tante Thea«, 1894 – 1983).

Blick vom Schwimmdock der A.G. »Weser« über das Wendebecken vor dem Überseehafen. Im Hintergrund die Mühlenbetriebe am Holz- und Fabrikenhafen, Foto um 1956

Blick aus Richtung »Feierabend« auf das Aalto-Hochhaus 1971. Rechts die Neue Vahr, im Hintergrund die neue Anschlussstelle der »Blocklandautobahn« im Bau

Aalto-Hochhaus

»Aalto« hat nichts mit Plattdeutsch oder besonders vielen schlanken Fischen im Vahrer See zu tun, sondern seinen Namen verdankt das schönste Bremer Wohnhochhaus seinem Architekten. Der Finne Alvar Aalto (1898–1976) entwarf das 22 Stockwerke zählende, 1962 fertiggestellte Gebäude. Während des Baus wurde es »Feierabendhochhaus« genannt, weil seine eine Front genau nach Westen ausgerichtet ist und somit den Blick in Richtung Sonnenuntergang (= Feierabend) erlaubt. Das Hochhaus war hochmodern ausgestattet und sollte seinerzeit das in der Vahr neu entstehende riesige Siedlungsgebiet »wie ein Ausrufungszeichen überragen«, um so als positives Signal zu dienen. Wie immer man über das gesamte Wohnungsbaukonzept der 1950er/60er Jahre heute urteilen mag – dies gelang (s.a. → Boljahnograd).

Achterbahn, Austerkirche und Babywaage → Sessel des lieben Gottes

achtern

oder achter meint plattdeutsch »hinten« und bezieht sich seemännisch auf den hinteren Teil des Schiffes oder Bootes. Wie im gesamten norddeutschen Flachland gibt es auch in Bremen und umzu diverse Straßen- und Ortsnamen, die vorne »Achter« heißen. Weniger handfest ist der »Achtersinn«, der sich in manchen Dingen und Gedanken verbirgt und erst nach längerem Nachdenken zum Vorschein kommt. Doch auch der klügste Kopf wird nicht erraten, was »achteraus segeln« bedeuten könnte – das muss man eben wissen oder jetzt gleich lernen:

achteraus segeln

ist eine unangenehme Sache, die Seeleuten gelegentlich in schönen Häfen drohen kann. Sie ging aber auch in Bremen häufig noch gut aus, oft mithilfe der Wirte an der Waller → Küste und rasanter Taxifahrten weserabwärts. Wer nämlich als Mitglied einer Schiffsbesatzung achteraus segelt, hat den Zeitpunkt des Auslaufens verpasst. Wenn ihr Wohn- und Arbeitsplatz nicht ganz davonschwimmen sollte, blieb schlafmützigen → Janmaats nur der Versuch, in Vegesack oder Bremerhaven mit einem Jollenführer oder dem Lotsenboot an Bord zu gelangen.

AG

ist die Abkürzung für das »Alte Gymnasium«. Die traditionsreichste Bremer Bildungseinrichtung kann ihre Wurzeln auf die 1528 gegründete Bremer Lateinschule zurückführen, die 1817 zur »Gelehrtenschule« wurde und seit 1857 als »Gymnasium« besteht. Von 1872/73 bis 1987 war die Schule in dem großen neoklassizistischen Gebäude an der Dechanatstraße untergebracht und ist heute an der Kleinen Helle zwischen Falkenstraße und Am Wandrahm zu Hause (s.a. → Günnasium).

Akschen

lautet ein alter Kurzname für die A.G. »Weser«, die 1983 geschlossene Gröpelinger Großschiffswerft. Sie steht wie kein anderes Unternehmen gleichermaßen für das industrielle Wiederaufblühen Bremens in den 1950er Jahren wie für das Ende dieses Booms. Auf der seit 1872 als »Actiengesellschaft ›Weser‹« firmierenden Werft liefen in den 1970er Jahren die weltweit größten Tanker vom Stapel. Die einsetzende Öl- und Schiffbaukrise sowie die kostengünstigere asiatische Konkurrenz ließen das seit 1941 mehrheitlich zum Krupp-Konzern gehörende Unternehmen in dessen Augen unattraktiv werden. Streiks, Betriebsbesetzungen, viele

A

Uniformaufnäher für den Werkschutz der A.G. »Weser«

Demonstrationen und durchgehend sehr emotional geführte Diskussionen gingen der Schließung voraus. Die Vereinigung ehemaliger Werftarbeiter nennt sich in schönstem Bremisch »Use Akschen«: »Use« steht für »Unsere«, »Akschen« für »Aktiengesellschaft«, die Weser ist geschenkt.

A'leit
bremisch für Adelheid.

Alfes Schietbarg → Schieten-Alfes

alln's 'n büschen feiner
Ein prächtiges Wort der Bremer über sich selbst, das sich tatsächlich in vielen Bereichen wiederfindet. Die Formulierung kommt jedoch ebenso zur Anwendung, wenn das »feiner« durch andere Verstärkungsworte wie ein neutrales *doller* oder ein negatives *schlümmer* ausgetauscht wird. Das positive »feiner« passt zu einer Zeit, als Bremen am Ende des 19. Jahrhunderts eine aufstrebende Stadt des Handels, der Schifffahrt und schließlich auch der Industrie war. Innerhalb seiner Grenzen wurde damals viel Kapital angehäuft, und das gut situierte Bürgertum konnte es sich leisten, in allen Bereichen auf Qualität zu achten.

Altbürgermeister
bezeichnet einen Ehrentitel in der bayerischen Kommunalverwaltung und kann begrifflich in keinen Zusammenhang mit ehemaligen Präsidenten des Bremer Senats gesetzt werden. Wer einen früheren Bürgermeister der Stadt Bremen respektvoll ansprechen möchte, sagt »Herr Bürgermeister« und schreibt ihm als »Herrn Bürgermeister a.D.«. Auch die Senatoren und Konsuln behalten lebenslang das Recht, ihren → Titel weiter zu führen.

amang → mang

an
dient als Kurzform von daran/dran. Ein knappes, von einem mi-

nimalen Kopfnicken begleitetes »Da is' was an« ist somit die bremische Verschlankung der Aussage »Du hast vollkommen recht, an der Sache ist etwas dran«. Wenn an dieser aber → *pattuh* nichts mehr zu ändern ist, dann heißt es ratlos: *Da mach was an!*

Anbiethallen

gehörten zum Hafen wie die → Kajen. Ihr Name geht zurück auf das niederländische »Ontbijten«, was »Anbeißen« heißt und für »Frühstücken« steht. Im alten Bremer Hafenrevier um Europa-, → Übersee- und Holz- und Fabrikenhafen befanden sich einige größere Anbiethallen (z.B. im Hafenhochhaus und in einem der Ottilie-Hoffmann-Häuser) und diverse Anbietbuden, in denen Getränke, belegte Brötchen und Mittagstisch angeboten wurden.

Angtree

sagten früher schick vornehm auf *Franzö'sch* Bremer Damen für »Eintritt« und meinten in der Regel schlicht den Ticketpreis.

anjappen

jemandem ungebührlich lang ins Gesicht schauen

An'n Graaben → Lehster Deich

Im Hafen so bekannt, dass auch in der Bahnhofsvorstadt jeder wusste, dass es unter dem Namen »Anbiet« lecker was zu essen gibt. Die Bude auf dem Foto wurde abgerissen, und zwischen dem Bau rechts dahinter und den großen Häusern an der Falkenstraße wurde Ende der 1960er Jahre die → Hochstraße gebaut

A

anners denn

heißt »sonst«, »andernfalls« oder »es sei denn« und hört sich in freier Wildbahn etwa so an: *Wir komm' vonne Arbeit direkt ins Kino, anners denn ich ruf' noch mal an, dann holen wir euch ab.*

Anstalten machen → haben, sich

Apostel des Nordens
→ Scharskarken

Apostelkeller → Rosewein

Aquabella → Borgward

Aquarium → Hütte am Meer

»Area of Innovation«
→ Technologielinie

Atlantis

Das griechisch sagenumwobene »Atlantis« fasziniert die Menschen seit der Antike – und zog auch den sagenhaft reichen Bremer Kaffee-Kaufmann Ludwig Roselius in seinen Bann. Er weihte das von Bernhard Hoetger entworfene

Das 1931 fertiggestellte »Haus Atlantis« in der Böttcherstraße. Links die Kuppel des »Himmelssaals«

»Haus Atlantis« 1931 als einen der letzten Teile »seiner« Böttcherstraße (→ heimliche Hauptstraße) ein und widmete es einem wilden Mix von völkisch-urgeschichtlich-germanisch-christlichen Ideen, die unter dem Dach dieses Hauses weiterentwickelt werden sollten. Teile des Gebäudes brannten im Zweiten Weltkrieg aus, der »Himmelssaal« unter der aus blauen Glasbausteinen gebildeten Kuppel blieb weitgehend unversehrt. Bei der Wiederherstellung der Böttcherstraße Anfang der 1950er Jahre erhielt das Haus Atlantis eine neue Fassade und gehört mittlerweile zu einer internationalen Hotelkette. Wer heute »ins Atlantis« geht, der ist auf dem Weg ins Kino im benachbarten »Haus des Glockenspiels«, das in der Böttcherstraße als »Atlantis Lichtspiele« seit 1948 besteht.

aufklaren

steht seemännisch für abziehendes »Schlechtwetter« und ebenso für aufräumen. So wird beim Aufklaren entweder der Himmel wieder hell und wolkenfrei oder z.B. die Kombüse geputzt. »Es klart auf hinterm Swartpott«, hieß es früher in Bremen, wenn bei südwestlichem Wind sich von der Neustadtseite her besseres Wetter ankündigte. »Swartpott« wurde der im 18. Jahrhundert zerstörte Zwingturm → »Braut« wegen des in ihm gelagerten Schwarzpulvers auch genannt. Der Spruch überlebte die Erinnerung an das Bauwerk bei Weitem und wurde deshalb irgendwann im Laufe der Zeit umfunktioniert. Zu hören bekamen ihn dann Bremer »mit langer Leitung«. Wenn es mal wieder etwas gedauert hat, bis es auch bei ihnen endlich dämmerte, hieß es: *Aha, jetzt klart's up achtern Swartpott!*

Aufkommer

werden in der Seefahrt Schiffe genannt, die sich einem anderen von → achtern nähern, um dann zu überholen. In Hafenstädten meint es direkt von See den Hafen ansteuernde Schiffe. Wechseln sie den Liegeplatz innerhalb des Hafens, werden Schiffe »verholt«.

Auslucht → Utlucht

Aussprache, spitze Steine und Betonung

Dieses Nuscheln, dieses Tempo und dann dieses Silbenverschlucken! Anton Kippenberg, seit 1905 Leiter des Leipziger Insel-Verlags, stammte aus Bremen und fand für diese unüberhörbaren Eigenheiten den Begriff der »Stenoglossie«, zu Deutsch: Kurzzüngigkeit. Ein Jahrhundert später muss

A

häufig Bürgermeister Koschnick als Beispiel eines Bremer Schnellsprechers herhalten (→ Manitu, der große). Trotz des vermutlich in Bremen erfundenen Nuschelns klingen traditionelle bremische Sprecher gemütlich und selbst Handfeuerwaffen nur noch halb so gefährlich, wenn sie *Püschtolen* genannt werden.

Wie häufiger in Norddeutschland, liegen auch an der Weser noch viele *s-pitze S-teine* herum. Besonders ältere Bewohnerinnen und Bewohner *s-tolpern da gern über*. Wirklich bremisch ist dagegen die hiesige Betonung, die sich irgendwann einmal auf den hinteren Teil längerer Worte verlegt hat. So heißt der → Freimarkt ja traditionell nicht **Frei**markt, sondern eben *Frei**maakt*** (das »t« ist praktisch unhörbar). Stünde noch der Sockel in den Wallanlagen beim Ansgariitor mit dem fahneschwingenden Soldaten von 1870/71, hieße das Ganze nicht Kriegerdenkmal, sondern eben *Krieger**denk**mal*, auch der → Musche**punt** wird fein bremisch auf der letzten Silbe betont, und es gibt natürlich in Bremen auch keinen **Oster**deich, sondern nur den Oster**deich**. Je kürzer die Worte, desto prägnanter klingt es: Sprechen Sie mal deutlich »Rahtaus« und »Messho« vor sich hin und vergessen dabei, dass es

sich um die Begriffe Rathaus und Messer handelt. So fein extrafein klingt Bremisch, und am besten kommt es in der Vermischung von Platt- mit Hochdeutsch als → Missingsch zur Geltung. Wer ohne nähere Vorkenntnisse bremische Aussprache simulieren (=*sümmeliern*) möchte, muss übrigens nur leicht die Lippen zum Kussmund schürzen und beim Sprechen den Mund gerade eben so weit öffnen, wie unbedingt nötig – *traumhaft, nech?*

Weitere Bremer Aussprachekünste finden sich auch unter → i/ü/ö und → r.

auswohnen → Kaisenhäuser

Autokennzeichen → HB

awangs

heißt vorwärts und leitet sich ab vom französischen Ausruf: En avant! *Büschen awangs jetzt!* ist also bremisch für: Vorwärts, Beeilung jetzt!

Aweck

meint das gewisse Etwas, z.B. ein Schuss Rosenwasser in den → Kump, worin der Teig *für'n* → *Klaben* bereitet wird. Aweck ist somit eine weitere der aus dem Französischen als klassischer Bildungssprache vergangener Zeiten in die Alltagssprache hineingefallenen Bremer Sprachperlen (frz. avec = dt. mit). Wenn übrigens ein halbwegs gut aussehender Mann »das gewisse Etwas« und damit einen Schlag bei Frauen hat, versuchte sich der alte Bremer Volksmund gern auch spanisch und sprach von einem *Dongdjuan*.

Babbeler

heißt eine süße Bremer Spezialität, hergestellt in der Neustadt und in Bremen-Nord. Die Zuckerstangen mit würzig-süßem Pfefferminzkrautgeschmack gab es schon im 19. Jahrhundert. So gerade eben noch medizinisch als hustenstillendes Mittel zu bezeichnen, waren sie tatsächlich vor allem eine beliebte Kinderleckerei vom → Freimarkt. Da gibt es sie noch heute, aber man kann Babbeler ganzjährig in Bremer Apotheken und Drogerien kaufen – da finden sich dann auch Taschentücher für die klebrigen Hände und Babbel (= Münder) ganz kleiner Konsumenten und Wundpflaster für das Tun älterer Tunichtgute, die Babbeler nadelspitz lutschen und dann in fremde Arme pieksen.

Bahnhof am Meer

1896/97 errichtete der → Norddeutsche Lloyd in Bremerhaven vor der Kaiserschleuse seine neue »Wartehalle« unmittelbar an der

Links ein → Überseeer, rechts der »Bahnhof am Meer«. Die »TS Bremen« des Norddeutschen Lloyd an der Columbuskaje am 10. Juli 1959

B

Außenweser. Zwischen Bahnsteig auf der einen und Kaje auf der anderen Seite war damit ein »Bahnhof am Meer« entstanden. Gleise, Halle und Kaje wurden für die ständig steigenden Passagierzahlen und größer werdenden → Überseeer bald wieder zu klein, und so entstand 1927/28 in direkter Nachbarschaft an der »Columbuskaje« ein später mehrfach umgebauter neuer »Bahnhof am Meer«, auch »Columbusbahnhof« genannt. Hunderttausende Passagiere wechselten hier über die → Kaje der Tränen von Land aufs Schiff und umgekehrt. In den 1990er Jahren endete der Personenzugverkehr, die Anlage wurde abgerissen. Auf dem Gelände steht heute das moderne »Columbus Cruise Center Bremerhaven«, und die Gäste der festmachenden und ablegenden Kreuzfahrtschiffe reisen per Bus an.

Balge → Stint

Bambüddel

lautete der Kosename für das beliebte Kaufhaus Bamberger an der Ecke Doventor-/Faulenstraße. Es bestand von 1907 bis 1937 und wuchs mit seinem markanten Turm Ende der 1920er Jahre zu Bremens erstem Hochhaus und zugleich dem neuen Wahrzeichen des gesamten Faulenquartiers empor.

Auch die erste Rolltreppe der Stadt drehte bei Bambüddel ihre Runden. Der Inhaber, Julius Bamberger, hatte eine sehr soziale Ader, und legendär war der kostenlose Anzug, den er jedem Bremer Konfirmanden spendierte. Als Jude hatte er in der Nazi-Zeit keine Chance, sein Geschäft dauerhaft fortzuführen. Von Boykottaufrufen und Diffamierungshetze brutal terrorisiert, gab er 1937 auf und emigrierte in die USA, wo er 1952 starb. Das im Zweiten Weltkrieg zerstörte und danach verstümmelt wieder aufgebaute Gebäude wurde 2006/07 in alter Form als Domizil für die Volkshochschule wiederhergestellt.

Bananenjäger → Überseeer

Bangbüx
Angsthase

Beck's

Ischa längs' verkauf' anne bölgüsche Riesenbrauerei, unser schönes Beck's-Bier – hülft dja nix, und schmeck zu'n Glück noch aal gleich! Der aus Amerika heimgekehrte Auswanderer Heinrich Beck hatte 1873 mit seinem Partner Gustav May eine Brauerei gegründet, die nach Mays Ausscheiden zwei Jahre später »Kaiserbrauerei Beck & Co.« hieß. 1877 kam der Bremer Schlüssel auf das Etikett

Beck's Bier löscht Männerdurst.

Ein alter Werbespruch humorvoll eingesetzt. Nach 20 Jahren »Beck's Bier löscht Männerdurst« wandelte die Brauerei ihren Slogan 1975 ab in »Beck's Bier löscht Kennerdurst«

und Beck's wurde als »Key Beer« weltweit bekannt. 1921 kam auch das »Hemelinger« zur »Exportbrauerei Beck & Co.«, die Beck's weiter als Exportbier vertrieb und in Zusammenarbeit mit der Firma von C.H. Haake und deren Bier ihr Inlandsgeschäft ausbaute. Der 2001 erfolgte Verkauf beider eng verbundener Neustädter Brauereien an den belgischen Getränkekonzern Inbev (heute ABInbev) löste in Bremen einen Schrei des Entsetzens aus, der aber nach der erfolgreichen »Markendiversifikation« in viele neue Haake-Beck- und Beck's-Bier-Sorten inzwischen Bremer Wirtschaftsgeschichte ist.

bedächtiges Bremen

Bremen sei bedächtig, lass nicht mehr ein, als du bist ihrer mächtig. Dieser bekannte Bremer Spruch stand von 1562 bis Anfang des 19. Jahrhunderts über dem alten Herdentor zu lesen, zumindest so ähnlich, denn auf dem heute im Focke-Museum ausgestellten Wappenstein steht genau: »Bremen wes ghedechtich/Late neict mer in/Du beist öhrer mechtich«. Der Hintergrund wurde mal allgemein auf die Bevölkerungsstärke bezogen, mal konfessionell gedeutet und verschiedentlich verballhornt: »Sei bedächtig, lad nicht mehr (zum Trinken) ein, als du (mit deinem Portemonnaie) bist ihrer mächtig.« Auch gab es inhaltliche Veränderung: »Bremen (...), wes bloß nicht gedächtig! Lass rein was du kannst, dann wirst du mächtig!«, und politische Nutzung, wie 1920 in den »Bremer Nachrichten«: »Bremen, wes bedächtig, wähl' nich mehr Sozis als du bist ihrer mächtig.« Der Schriftsteller Karl Lerbs sah die Notwendigkeit der Stadt, alle Gegebenheiten sorgfältig abzuwägen, und schrieb zum Spruch: »Der Bremer hat es niemals leicht gehabt; er musste der Erde und dem Wasser in verbissener Arbeit abtrotzen, was die große hanseatische Schwester an der Elbe von der Natur sozusagen

B

als Patengeschenk erhielt. Deshalb kennt er seine Kräfte genau.«

Beffchen→ Bofken, Klinken
Bofken

Behéryczhausen

(bremisch gesprochen: *Beeritschhausen*) liegt in Schwachhausen und bezeichnet die in den 1950er Jahren errichtete kleine Reihenhaussiedlung zwischen Klattenweg, Emma- und Senator-Caesar-Straße. Die Bewohner und benachbarte Anlieger schufen die Bezeichnung durch Abwandlung des Architektennamens: Hubert Behérycz. Seine sorgfältige und liebevolle Gestaltung der »Scheibchenvillen« fand überregional Beachtung. Auch die drei Zeilenbauten mit turmartigen Kopfbauten an der Wätjenstraße zwischen Emmastraße und Klattenweg stammen von ihm und präsentieren im ansonsten eher überraschungsarmen Wohnungsbau Neuschwachhausens die Ausnahme anspruchsvoller Architektur.

beier

bedeutet »bei der« (z.B.: *Beier Oma ehm nach'n Rechten sehn.*).

beipulen/verpulen

Beipulen bedeutet, jemandem etwas beizubringen oder ihn etwas zu lehren. Es wird auch etwas beigepult, wenn eine unangenehme Angelegenheit schonend beizubringen ist, was ja manchmal bedeutend mehr Fingerspitzengefühl verlangt als das Pulen von→ Granat. Im Ärger kann Beipulen jedoch auch im Sinne von »verpulen« benutzt werden, was so viel bedeutet, wie jemandem »eins zu verpassen« oder »eins auszuwischen«.

beizu

heißt »dazu«, »hinzu«, »daneben«, »nebenbei« oder »nebenher« und kann z.B. in Verbindung mit »geben« oder »verdienen« stehen. Doch nur alteingesessene Bremer verstehen den Ausruf am Teetisch: *Iii, giescha beizu!* (= »Vorsicht, du gießt ja daneben!«).

bekakeln

meint, etwas zu besprechen. Auch wenn das Wort von plattdeutsch »kakeln« abgeleitet ist, was »gackern« heißt, kann es sich dabei durchaus um sehr bedeutsame, z.B. ein Geld- oder Warengeschäft betreffende Themen handeln.

beleben

heißt plattdeutsch erleben im Sinne von dabei sein oder verfolgen, vor allem als Ausruf des Erstaunens: *Was ein nich alln's belebt!*

Beletage

vornehme Bezeichnung für das über dem Souterrain gelegene Hochparterre in der größeren Variante des → Bremer Hauses

bemengelieren

heißt, sich mit etwas zu beschäftigen. *Djaa nich mit bemengeliern*, lautet dagegen der Rat, sich mit etwas gerade nicht zu beschäftigen und also *schön die Finger von zu lassen*.

Bergende

heißt es statt »Berge« in der Bremer Variation der umgangssprachlichen Formel für »eine Menge« oder »einen Haufen« (s.a. → Bulten).

betüddeln

mütterlich umsorgen

Bickbeeren

Heidel- oder Blaubeeren

Birnen, Bohnen und Speck

→ Pluckte Finken

bischa

ist eine der vielen bremischen Wortzusammenziehungen und steht für »du bist ja« (z.B. → mall, doll, dumm, halb klug oder → nich klug). Bremen: Eldorado für Kurzsprecher und Logopäden!

»Rumms, das kommt davon!«, dachte sich ein Mensch und schrieb mit feiner Narrenhand seinen Kommentar auf »Das Ende« von Bernd Altenstein

Bischofsnadel

hieß ein Durchlass der alten Bremer Stadtbefestigung, der für den Erzbischof und seine Leute reserviert und rund um die Uhr geöffnet war. Die übrigen Bremer Tore waren sehr viel breiter und nachts verschlossen. So schmal wie ein Nadelöhr war die Bischofsnadel aber dann doch nicht, denn Pferd und Wagen passten immerhin hindurch. Nicht hindurch, sondern nur bis zu den Schultern hinein schaffte es der nackte Mann in der steinernen Wand am Ende der heutigen Fußgängerunterführung

»Bischofsnadel«. Die 1978 von Bernd Altenstein geschaffene Bronzeplastik trägt den Titel »Das Ende«. Mehr vom Gegenständlichen ausgehend, interpretierte ein Witzbold und verewigte sich auf dem Kunstwerk mit der von Passantengenerationen schmunzelnd goutierten Bemerkung: »Mit Brille wäre das nicht passiert«.

Blanker Hans

ist eine niederdeutsch-volkstümliche Bezeichnung für »Sturmflut«. Im Februar 1962 kam es an der deutschen Nordseeküste zu einer verheerenden Sturmflut, die über 300 Todesopfer forderte und Tausende Wohnhäuser zerstörte. Unmittelbar danach begann die Bebauung der Huchtinger Straße Blanker Hans, um Wohnraum für die 2000 obdachlos gewordenen Bremerinnen und Bremer zu schaffen.

Blarrbüdel

sind Heulsusen.

Bleikeller

Der Bleikeller beim Dom ist Bremens schaurige Attraktion. In offenen Särgen sind sechs mumifizierte Leichen aus dem 17./18. Jahrhundert samt einigen toten Tieren zu besichtigen. Bis 1823 waren die Toten in der Ostkrypta

»Schöne Grüße aus Bremen« – der »Bleikeller« als Postkartenmotiv, um 1910

ausgestellt, danach bis 1965 in den beiden unteren Räumen des heutigen Dom-Museums. Seit 1984 liegt der »Bleikeller« am Rande des Bibelgartens neben dem Dom. Still und ruhig ist es in dem kleinen Raum, und in seiner Echtheit ist er dennoch beeindruckender als die gruselige Effekthascherei in den »Dungeons« großer Metropolen.

blots

heißt bloß auf Platt.

bluchtern

meint lamentieren, sich Luft machen, viel reden, auch im Sinne wortreichen Beklagens schlechter Zustände oder generell das Verkünden schlechter Nachrichten. Hier ein Beispiel, in dem jemand bluchtert über Leute, die dauernd bluchtern: *Der ganze Laden arbeitet schon immer mies – aber sich über alles beschweren, das könnse, ganzen Tach schlechte Stimmung verbreiten und die Fehler bei andern sehen! Das wird noch ganz böse enden, das sage ich euch…* etc. pp.

Blumensack

ist manchmal für Blumenthal zu hören, und zwar im Zusammenklang mit dem südlich gelegenen Nachbarstadtteil Vegesack als »Blumensack und → Fegebüdel«.

»Beffchen« und »Mühlstein« auf einer Darstellung eines Bremer Ratsherren und seines Bedienten in der Renner-Chronik, 17. Jahrhundert

Bofken/Klinken Bofken

Letzten Sonntag in der Kirche. Kind: »Warum hat der Pastor ein weißes Lätzchen um?« Vater: »Damit er sich nicht bepredigt.« Das leuchtet ein, und schon ist wieder Stille in der Kirchenbank. Im 18. Jahrhundert hieß das mit zwei herabhängenden weißen Leinenstreifen um den Hals getragene Beffchen »Bofken« und meinte im bremisch-niedersächsischen Sprachraum schlicht einen »Amtskragen«. Es wurde erst in der Folge einer königlichen Verordnung für Preußen im 19. Jahrhundert offizieller Teil des »Talars« als Amtskleidung evangelischer Pastoren. Ursprünglich stammte das Accessoire aus der spanischen Edelmode des 16./17. Jahrhundert und war zumeist unsichtbar unter dem »Mühlsteinkragen« der Männer verborgen. Diese luxuriösen Halskrausen wurden in Bremen »Klinken Bofken« genannt. Zu ihrer Herstellung war feines Leinentuch mit der Brennschere kunstvoll in Falten (= Klinken) zu formen, bevor sich z.B. ein Bremer Konsul (= Ratsherr, Senator) oder Gelehrter den Kragen um den

Hals knöpfte und damit die Würde seines Amtes mit sich herumtrug.

Beeindruckend 1: Mit der Fertigstellung der »Stadthalle« 1964 hatte Bremen ein neues Wahrzeichen. Historische Abendaufnahme mit vieren der sechs »Betonhörner«

Boljahneum

kursierte während der 1960er Jahre in Bremen als Spottname für die 1962–64 an der Nordseite der Bürgerweide entstandene »Stadthalle« (heute: ÖVB-Arena, gestern: AWD-Dome, morgen: *Soundso-Hall*). Der Bau war ein Lieblingsprojekt des mächtigen Richard Boljahn (1912–92), der das kostspielige Vorhaben gegen die Bedenken des Senats durchzusetzen

verstand. Boljahns ungewöhnlich großer politischer Einfluss in der Stadt speiste sich aus der zeitweise parallelen Ausübung des Vorsitzes der SPD-Bürgerschaftsfraktion, des DGB-Ortsvereins Bremen und des Aufsichtsrates der Gewoba und anderer Wohnungsbaugesellschaften – womit auch sein Beiname »König Richard« erklärt wäre. Seit Ende der 1960er Jahre sank sein Stern, auch wegen Begünstigungsvorwürfen bei staatlichen Projektvergaben (»Bauland-Affäre«). Nach und nach trat er von seinen Ämtern zurück, gab 1971 den DGB-Kreisvorsitz auf und kandidierte nicht wieder für die Bürgerschaft.

Boljahnograd

nannte der Volksmund einst die Großsiedlungsbauten in der Vahr, die seit den 1950er Jahren maßgeblich von Richard Boljahn vorangetrieben worden waren. Die Russifizierung als Boljahnograd zielte darauf, dass bei der Planung Ideen des sozialistischen Wohnungsbaus eine Rolle spielten. Das städtebauliche Bild mit individuell gestalteten

Beeindruckend 2: Mit der Fertigstellung des → Aalto-Hochhauses 1962 hatte Bremen seinen ersten Außenfahrkorb für Fensterputzer: »Prost Kaffee!«

Fassaden und Außenbereichen als Kennzeichen bürgerlich-privaten Wohneigentums wurde als weniger erstrebenswert angesehen als das einheitliche Aussehen gemeinschaftlichen Besitzes.

Bombeisies

Die Geschmäcker sind verschieden, und auch, was ein guter Kuss ist, wird keine Frauen- oder Männerzeitschrift je ermitteln können. Fest steht dagegen, dass Bombeisies eine beliebte alte Bremer Backspezialität sind, die in besonderen Metall- oder glasierten Tonpfannen mit halbrunden Vertiefungen hergestellt werden. Bevor es von bremischer Sprachgewalt überfahren wurde, hieß das Backwerk »bon baiser« (frz. guter Kuss).

Bonbondose

ist ein hübsches Wort für den Bremer (und weltweit übrigens nahezu einzigartigen) Rhododendronpark während der Blüte im Mai/Juni.

Bonschen

sind Bonbons (= *Bombongs*).

borgen und warten

müsse wohl die eigentliche Bedeutung des Namens → Borgward lauten, stellten die frustrierten Zulieferer des Bremer Autobauers Borgward fest, als sie vor dem Zusammenbruch von Carl F.W. Borgwards Firmen im Sommer 1961 vergeblich auf das Begleichen ihrer Rechnungen warteten.

Borgward

Diverse »Hansa«-Modelle, die »Arabella« und natürlich die berühmte »Isabella«, die in Schönheit und Eleganz nur von ihrer eigenen Coupé-Version übertroffen wurde, waren deutschlandweite Auto-Stars. Carl F. Borgward (1890 – 1963) stammte aus Altona und war ein besessener Konstrukteur. 1924 begann er seine erste Autoproduktion und begleitete auch in kleinsten Details die Entwicklung seiner Fahrzeuge. Wo heute in Sebaldsbrück die Wagen mit dem Stern vom Band rollen, wurden seit 1938 und nach dem Krieg ab 1948 wieder die mit dem Rhombus (→ Raute) auf dem Kühlergrill gebaut. Im Zweiten Weltkrieg produzierte Borgward Lastwagen, Panzerfahrzeuge und Torpedos. Später hoffte er, mit Hubschraubern Militäraufträge zu erhalten. Weniger ausgeprägt als sein technisches Talent waren seine Fähigkeiten in Sachen Modellpolitik und Finanzgebaren (→ borgen und warten). Zu seinen weiteren Firmen zählten auch die Marken »Goliath« und »Lloyd« (Legendär wurde der 1950 – 52 in der

Dies Isabella-Coupé TS, Baujahr 1960, ist ein besonderer Blickfang unter den vielen Schätzen des Bremer Focke-Museums. An der Wand darüber hängt ein Lloyd 600

Neustadt gebaute LP 300, besser bekannt als »Leukoplastbomber«, mit kunstlederbespannter Sperrholzkarrosserie und 10 PS, was zu den Versen führte: »Wer den Tod nicht scheut, fährt Lloyd« und »Was steht am Berg und heult – Lloyd«. Das 1959 etwas vorschnell auf den Markt gebrachte Modell »Arabella« kam durch Probleme mit eindringendem Wasser zum → Ökelnamen »Aquabella«. Als die Borgward-Gruppe mit über 20.000 Beschäftigten 1961 zahlungsunfähig wurde, versagten Rathaus und Banken weitere Kredite. Das war der Anfang vom Ende, noch im selben Jahr schlossen die von Borgward aufgebauten Werke.

Böttcherstraße → heimliche Hauptstraße

Bramsil

bremisch für die Tabaksorte »Brasil« – ob »Sumatra« eine Entsprechung an der Weser hatte, ist unbekannt.

Historische Bremer »Auswahlkiste« für 25 »lüttje Bramsils«

Brasildamen

Als nach Eröffnung des → Freihafens 1888 mit einem Mal nicht mehr ganz Bremen Zollfreigebiet war, sondern nur noch das neue und umzäunte Hafenareal, stiegen die Preise für Tabak enorm an. Auch mit schlechten Qualitäten oder seebeschädigter Ware war nun gutes Geld zu verdienen. Zwischenhändler erwarben sie und beschäftigten Frauen als Sortiererinnen. Sie wurden, wie Georg Droste (→ Ottjen Alldag) überliefert, »Brasildamen« genannt. Somit haben sie rein gar nichts mit Partystimmung, Straßentanz und nackten Beinen zu tun (die aber in Bremen durch »Sambakarneval« und Freimarktsumzug mittlerweile auch schon lange bekannt sind), sondern mit fleißiger Hände Arbeit.

Für die einen nur ein Foto einer von Raureif bedeckten Nutzpflanze, für die anderen Auslöser sehnsüchtigen Verlangens

Brauner Kohl

ist der ältere Bremer Name für das Gewächs, das heute in der Regel als »Grünkohl« auf den Teller kommt. Auch Braunschweig und Umgebung ist eine »Braunkohl«-Insel inmitten des nordwestdeutschen Grünkohlmeers, kommt aber als Namensgeber nicht infrage. Vermutlich steckt eine untergegangene Kohlsorte mit bräunlichen Blättern hinter den unterschiedlichen Farbnamen der »Oldenburger Pal-

me«, wie die Gemüsepflanze auch genannt wird. Je später im Jahr sie geerntet wird, desto höher ist ihr Zuckergehalt, deswegen heißt es ja auch: *Frost musser hab'n.* Wie überall, wird der Kohl natürlich auch in Bremen besonders gern mit Pinkel (Räuchergrützwurst im Mastdarm) gegessen, und wenn es auf einer Tafel vor einem Gasthof heißt: »Brauner Kohl mit Zubehör« oder »mit allen Schikanen«, dann werden auch Kartoffeln, Kochwurst, Kasseler und Bauchspeck nicht fehlen. Derlei Üppigkeit lässt sich kaum ohne Schnaps und Bewegung verarbeiten. Deshalb gibt es auf »Kohlfahrten« traditionell beides. Erst wird gewandert (kilometerlang über die Deiche, drei Viertelstunden durch den Park oder 80 Meter in die nächste Kneipe), dann gegessen, dann getanzt – Schnaps gibt's die ganze Zeit über.

Nur schwer zu bezwingen: Die »Braut« auf der Neustadtseite der Weser war ein wichtiger Teil der bremischen Verteidigung

Braut (»Swartpott«), Bräutigam und der Ostertorszwinger

In der Zeit von 1512 bis 1534 baute sich Bremen drei mächtige Zwingtürme. Einen am Ostertor, nahe der heutigen Kunsthalle, einen zweiten etwa dort, wo heute die Versicherungsbörse auf der → Herrlichkeit bei der Wilhelm-Kaisen-Brücke steht, und einen an der Stelle des Stephaniviertels, an der heute die Eisenbahnbrücke auf das rechte Weserufer trifft. 1547 machte sich die enorme Investition bezahlt, die Stadt hielt der Belagerung durch zwei kaiserliche Heere stand. Schon 1514 hatte ein Kriegsherr den Ostertorszwinger besichtigt und dabei bemerkt, man müsse dem Baumeister die Augen ausstechen, damit er keine solchen Werke mehr für Städte schaffen könne. Weil Bremen dem 55 Meter hohen Rundturm mit 30 Metern Durchmesser und über vier Meter starken Mauern auf der Herrlichkeit wie einer Braut zu Füßen läge, erhielt das Bauwerk den Namen »Braut«. Dazu passend erhielt der Stephanitorszwinger den Namen »Bräutigam«, bis er nach einem Blitzschlag 1647 beschädigt und dann gesprengt wurde. Die Sprengung der Braut geschah dagegen von ganz allein, als nämlich 1739

Das »Brautportal« am Nordschiff des Bremer Doms

auch in sie der Blitz einschlug und die im Turm gelegene Pulverkammer explodierte. Weil das Bremer Schwarzpulver dort lagerte, war die Braut auch zu ihrem zweiten, »Swartpott« (= Schwarztopf) lautenden Namen gelangt (→ aufklaren). Die Bremer Folterkammer und zugehörige Instrumente lagen im Ostertorszwinger, wo auch 40 äußerst ungemütliche Gefängniszellen und eine Wärterwohnung untergebracht waren. 1826 wurde der massige Turm abgebrochen. Sein verwertbares Baumaterial wanderte über den Ostertorsteinweg zur nahen Baustelle des neuen Gefängnisses, in dem heute das Wagenfeld-Haus beheimatet ist.

Brautlöwen → Domklinken putzen

Brautportal

wird das zum Domshof gelegene Nordportal des Bremer Doms genannt, weil frisch vermählte Paare nach ihrer Trauung durch seine Tür die Kirche verlassen.

Brechangeln

sind ekelige Menschen.

Brema

Wenn in früheren Zeiten Namen oder Begriffe besonders zur Geltung gebracht werden sollten, wurden sie lateinisiert. Im Volksmund hieß Bremen ganz einfach *Brehm'*, in der Sprache der alten Römer dagegen »Brema«, da bei ihnen alle Städtenamen weiblich waren. Als Allegorie der Stadt benannte die Brema eine weibliche Figur mit einer Krone, nicht fein und zierlich, sondern von einer Stadtmauer mit Zinnen gebildet. Stolz und wehrhaft versinnbildlichte sie urbanes Selbstverständnis. Kein Wunder also, dass viele sich dieses edlen Namens bedienten, um so etwas von dessen Glanz auch auf ihre eigene Sache scheinen zu lassen. So hieß z.B. die Genossenschaft der Straßenbauarbeiter »Brema«. Den 1870 gegründeten »Bremer Konsumverein« hatte zunächst der Volksmund zur »Brema« gemacht, bevor nach 1945 der Name offiziell wurde. 1880 gab es den »Verein für

Die bremische Ehrenmedaille in Gold, Focke-Museum

»Sobrietas«, die Tugend der Mäßigung (notabene: Bis zur ersten Auflage dieses Büchleins gab es auch ein Bremer Pfandhaus namens »Brema«).

Die ruhmträchtigste Brema zeigt dann wieder die Stadtmutter, und zwar auf der »Ehrenmedaille in Gold«, die seit 1843 *appunzu* an besonders verdiente Bremerinnen und Bremer verliehen wird (→ Orden und Ehrenzeichen).

Bremen

Tja, woher stammt der Name der Stadt? Es hänge mit »verbrämt« zusammen, also am Rand gelegen, wurde schon häufig vermutet, z.B. am Rand der Weserdüne oder der Weser oder der Nordsee. Bei der ältesten überlieferten Niederschrift des Namens im Jahre 782 jedenfalls lag Bremen tatsächlich noch ganz am Rand, und zwar an dem des Einflussgebietes von Kaiser Karl dem Großen. Vollends »ungültig« erscheint dagegen der Versuch, die Verbindung »Bremens« mit einer antiken (ägyptischen!) Anleitung zum Kartenzeichnen herzustellen, in der jemand ein »Phabiranon« im norddeutschen Raum einzeichnete. Tatsache ist, dass es den Namen nicht nur in Norddeutschland gibt. Der Bremer Autor Johann-Günther König hat gezählt und kam auf mehr als 20 »Bremen«: Nach den

Geflügel- und Singvögelzucht ›Brema‹«, und als der Bremer Luftschiffer Carl Securius im März desselben Jahres mit seinem neuen Ballon in die Luft ging, hatte er mit »Brema« eine treffliche Benennung für sein Gefährt gefunden. Insgesamt drei Glocken des Bremer Doms erhielten 1894, 1925 und 1964 den exquisiten Namen, den übrigens auch ein Ruder-Club trug. 1921 entstanden das Margarinewerk »Brema« in der Osterstraße, schon zuvor eine Kaffee-Rösterei im Fehrfeld 25 und später eine Reederei dieses Namens, auf den übrigens auch diverse Schiffe getauft wurden. Die nackte Dame allerdings, die mit einem Schlüssel in der Hand im Reliefschmuck der Rathausarkaden rücklings irgendeine wilde Kreatur reitet, ist keine Brema, sondern eine Allegorie auf

drei Orten in Nordrhein-Westfalen, Baden-Württemberg und Thüringen fand er allein 14 in Nordamerika, der Rest verteilt sich auf Südamerika und Australien, die wie die amerikanischen natürlich Mitbringsel von Auswanderern waren. Neben weiteren abgeschiedenen Ecken und Winkeln in der Welt wie tibetischen Bergspitzen und entlegenen Küstenpunkten Grönlands wurde König bei den Fahrzeugen fündig: Sechs Passagierdampfer, 33 weitere große und kleine Wasserfahrzeuge und die legendäre Junkers W 33, der → Ozeanflieger, trugen mittlerweile *Brehm's Namen inne Wölt hinaus.*

Bremen best

Nord, Süd, Ost, West – Bremen best. Der uralte Schnack erinnert daran, dass außerhalb der Stadt von den vier Himmelsrichtungen stets jene die schönste ist, die in Richtung heimischer Weserdüne weist. Und den deshalb gleich in der Stadt Verbliebenen preist er Bremen einfach nur als besten Ort der Erde.

Bremen wes gehdechtich

→ bedächtiges Bremen

Bremensie

steht als Begriff in engerer Bedeutung für die eher stark als wenig geschönt dargestellten, hübsch biedermeierlich ausgestalteten und kolorierten Drucke von Bremer Stadtszenen aus der Mitte des 19. Jahrhunderts. Im allgemeinen Sinne bezeichnen Bremensien etwas, das a) unverwechselbar bremisch ist und b) in irgendeiner Form etwas Beachtenswertes darstellt, und sei es nur in den Augen von Fachleuten. *Zo, und jetzz nommah anners als Fraage und Antwort erklärt:* Was haben Lila → Eule, Gelbe → Meise, 'ne Handvoll → Babbeler und dies Buch gemeinsam? Genau – alles Bremensien.

Bremer Berichte → buten un binnen

Bremer Dollar

nannte die Finanzdeputation ihre im Oktober 1923 herausgegebenen »Anteilsscheine«, deren Wertbeständigkeit sich aus den Devisenbeständen von Bremer Außenhandelsfirmen ableiten sollte. Mit Einführung der Reichsmark im Dezember 1924 lief der Handel mit den Bremer Dollars und Cent aus.

Bremer Düne → Düne → Geest

Bremer Einback

gab es früher in allen Bäckereien der Stadt zu kaufen und wird noch

Bremer Einback – nur echt in der typischen Wabenform

um echt Bremer Gekochte, wenn zwei halbrund gebogene Würste zu einem Oval verbunden in der Auslage liegen oder am Haken hängen. Und wer seinen Schlachter testen möchte, bestellt einfach mal eine halbe Bremer Gekochte. Ins rosa Einwickelpapier gehört dann also was? Genau: eine ganze Wurst.

heute von einigen traditionellen Geschäften hergestellt. Einback, der aus Bremen und umzu kommt, ist immer sechseckig, denn der leicht süßliche, helle Hefeteig wird hier in einem Wabenrahmen gebacken. Er kann wie ein weiches Weißbrot mit Butter und z.B. Marmelade serviert werden, oder der Einback wird bei 180 Grad ein paar Minuten im Ofen ein zweites Mal gebacken, dann hat man einen »Zweiback«, also einen Zwieback. Der ist außen kross und innen weich. Besonders schmackhaft: aufschneiden und noch warm mit dem Lieblingsaufschnitt zum Frühstück nehmen.

Bremer Elle → Roland

Bremer Gekochte

ist inhaltlich eine gewöhnliche helle Fleischwurst – und heißt in Hamburg eben: Hamburger Gekochte. Also nix Besonderes, eigentlich. Aber Achtung, es handelt sich nur

Ein »Bremer Haus« im Focke-Museum, einmal in kleinerer Ausführung ...

Bremer Haus

Ein altes norddeutsches Sprichwort lautet: Lübecker trinken, Hamburger essen und Bremer wohnen über ihre Verhältnisse. Dass an der Weser tatsächlich unzählige Arbeiterfamilien, die z.B. in Hamburg oder Berlin in einem Mietshaus »auf Etage« wohnten, in Walle oder Gröpelingen in ihrem eigenen Reihenhäuschen lebten, hing damit zusammen, dass in

... und eine große Variante

Bremen Ende des 19. Jahrhunderts Hypotheken als »Handfesten« wie Wertpapiere gehandelt werden konnten. Der Arbeiter finanzierte sein Haus somit in einer Art Leasingverhältnis zu Investoren oder Bauunternehmern, die in der Regel ganze Straßenzüge am Stück errichteten, und wurde mit der Zeit dann Eigenheimbesitzer. Ganz Bremen war bis zu den Zerstörungen des Zweiten Weltkriegs von endlosen Reihenhausstraßen geprägt (z.B. → Heimatviertel). Das ist jedoch in Vergessenheit geraten, und im Sprachgebrauch wird der Begriff »Bremer Haus« meist auf die prächtigen Wohnbauten finanziell gut gestellter Bremer im Ostertorviertel und im vorderen Schwachhausen begrenzt: Dort führt die Eingangstreppe ins Hochparterre, die »Beletage«. Das

Geschoss darunter liegt etwas niedriger als das Straßenniveau, hat einen separaten Eingang und wird Suträng (= Souterrain) genannt. An der Rückfront führt dies ebenerdig in den Garten. Über der ersten Etage gibt es, je nach Vermögen und Investitionslust der Erbauer, ein oder zwei Obergeschosse, wobei das letzte zur Straße hin regelmäßig Dachschrägen aufweist und nur zur Gartenseite hin voll ausgebaut ist. Dort war meist auch das Zimmer für ein Hausmädchen vorgesehen.

Warum in Bremen vor dem Ersten Weltkrieg mehr Nachbarschaftsstreitigkeiten vor Gericht endeten als anderswo in Deutschland? Weil viele seiner Bürger sich tatsächlich Einfamilienhäuser weit über ihre Verhältnisse gebaut hatten und dann statt eigenen Personals ganze Familien zur Miete bei sich wohnen lassen mussten. Und mehrere Parteien können sich im offenen Treppenhaus *ganz prima inne Klatten kriegen.*

Bremer Heißwecken

sind süße Milchbrötchen mit Rosinen. Sie wurden früher vor allem zur Fastnacht gebacken. Gefüllt mit Butter, kamen sie zusammen mit Zucker und Zimt in eine Schüssel und wurden mit heißer Milch über-

Bremer Markttreiben. Im Hintergrund die 1888 abgebrannte »Alte Börse«

gossen serviert. Warum manche Bremer und Bremerhavener sie auch »Hedwigs« nennen? »Heißwecken« heißen plattdeutsch »hede Weggen«, und auf diese Bezeichnung sprang kurzerhand der Mädchenname »Hedwig« auf.

Bremer Kind → tagenbaren Bremer

Bremer Klausel

1. Um das lutherische und reformierte Bekenntnis in der Stadt enger zusammenzuführen, legte die Bremer Verfassung 1947 fest, dass das Schulfach »Biblische Geschichte« an öffentlichen Schulen »bekenntnisfrei auf allgemeiner christlicher Grundlage« unterrichtet werden müsse. Dies widersprach jedoch dem 1949 auf dem Weg befindlichen Grundgesetz, das auf einen konfessionellen Unterricht zielte. Aber Bremens Verfassung galt bereits, und so erhielt das Grundgesetz auf Vorschlag von Theodor Heuß den Artikel 141, der das Land Bremen per »Bremer Klausel« von der Bundesregelung ausnimmt.

2. Wenn sich Bremer einst auf ein Geschäft mit Bremer Klausel einigten, war die Schriftform überflüssig, und statt ihrer besiegelte der Handschlag den Vertrag. An der alten, 1888 abgebrannten Bremer Börse auf dem Liebfrauenkirchhof soll ein Steinrelief mit zwei ineinandergelegten Händen als Allegorie der Bremer Klausel zu sehen gewesen sein.

Bremer Kreuz

bezeichnet dreierlei: 1. das Autobahnkreuz von A 1 und A 27, 2.

Das verwaiste Bremer Kreuz am 25. November 1973, dem ersten von vier »auto-freien Sonntagen« im Zeichen der »Ölkrise«

das dort gelegene Gewerbegebiet und 3. die Kurve im Fahrwasser der Außenweser bei Tonne 15. Somit lässt sich keines der drei Kreuze in die Hand nehmen, und das eine, das diese Eigenschaft einst besaß, das → Hanseaten-kreuz nämlich, liegt heute auch nur noch als Zeichen von Bremens Freiheit auf dem Markt.

Bremer Recht

»Dreimal ist Bremer Recht« ist eine häufig in der Stadt zu hören-de Wendung (spätestens nach ei-nem zweiten Fehlversuch, welcher Art auch immer). Neben anderen rechtshistorischen Deutungen wird der Spruch vor allem aus der Rinesberch-Schenischen Bremer Chronik aus dem 15. Jahrhundert hergeleitet. Darin heißt es, Bremen

habe einst vom Kaiser drei Sonder-rechte verliehen bekommen: Die Ratsherren dürfen (wie sonst nur der hohe Adel) Gold und Pelze tra-gen, die Stadt hat ihre eigene Ge-richtsbarkeit, und Bremer Schiffe genießen freie Fahrt auf der Weser. Als öffentlich sichtbares Zeugnis für dies freundliche Gewähren, so steht es bei Rinesberch und Sche-ne weiter zu lesen, gab's dann noch ein viertes Recht obendrauf, nämlich die Erlaubnis, das kaiserli-che Wappen auf → Rolands Schild zu zeigen.

Bremer Schrottkiste

nannte flugs der Volksmund das 1975 im Weseruferpark in Rab-linghausen aufgestellte »Lanke-nau-Monument«. Hans-Jürgen Breuste hatte für sein 10 x 8 x 4

Der Lkw zeigt die Größe des Lankenau-Monuments. Foto vom Abbau im Sommer 2006

Meter messendes Kunstwerk eine Ständerkonstruktion aus Baustahl geschaffen, auf der ein schräg gestellter Käfig mit 60 Bojen darin ruhte. Zwar trägt der von Breuste verwandte »COR-TEN-Stahl« das Prädikat »wetterfest«, aber auf Dauer wird er doch von Rost zerfressen. Das »Lankenau-Monument« schaffte drei Jahrzehnte und erwarb in der Zeit viel Sympathie. Und so folgte auf seinen Abbau nicht nur die Verschrottung, sondern 2006 noch eine von Breuste gestaltete Ausstellung der Bojen als Installation in der Städtischen Galerie Bremen.

Bremer Schlüssel

»Hamburg, das Tor zur Welt!«, freut man sich an der Elbe, und schon die Bremer Kinder wissen: »Jau, aber Bremen hat den Schlüssel dazu!« Schutzheiliger des Doms ist St. Petrus, der mit den Schlüsseln an der Himmelspforte. Die Bremer Erzbischöfe führten ein Wappen mit zwei Schlüsseln. Als die Beziehung zwischen Dom und Rathaus mal wieder äußerst feindlich aufgeladen war und die Stadt Bremen die Chance sah, sich endgültig vom Bischof abzunabeln, machte sich der → Rat ein Siegel mit einem eigenen Wappen, und zwar mit nur einem Schlüssel. Das war im 14. Jahrhundert und ist bis heute so geblieben. Nach und nach bekam das Wappenschild mit dem Schlüssel Gesellschaft: Mal wurde es von Engeln gehalten, mal von Löwen, später nur noch

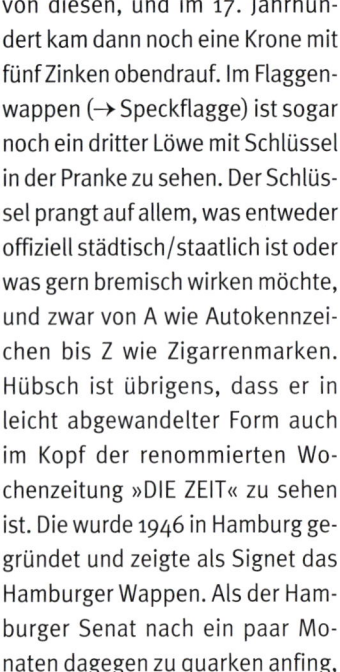

Bremer Gully mit Bremer Schlüssel

Das mittlere bremische Staatswappen

von diesen, und im 17. Jahrhundert kam dann noch eine Krone mit fünf Zinken obendrauf. Im Flaggenwappen (→ Speckflagge) ist sogar noch ein dritter Löwe mit Schlüssel in der Pranke zu sehen. Der Schlüssel prangt auf allem, was entweder offiziell städtisch/staatlich ist oder was gern bremisch wirken möchte, und zwar von A wie Autokennzeichen bis Z wie Zigarrenmarken. Hübsch ist übrigens, dass er in leicht abgewandelter Form auch im Kopf der renommierten Wochenzeitung »DIE ZEIT« zu sehen ist. Die wurde 1946 in Hamburg gegründet und zeigte als Signet das Hamburger Wappen. Als der Hamburger Senat nach ein paar Monaten dagegen zu quarken anfing,

fragte der Verleger kurzerhand in Bremen an. Wilhelm Kaisen hatte nichts dagegen, den Schlüssel herzuleihen, und wünschte der Zeitung weiter viel Erfolg.

Bremer Schweiz

wird die »Bergwelt« der Südseite des Geesthangs von St. Magnus bis Löhnhorst genannt (höchste Erhebungen über 30 Meter!). Die Hügel bilden zugleich die schönste und teuerste Wohngegend von Bremen-Nord, sodass die volkstümliche Bezeichnung gleich zweifach, nämlich auf die Geografie und auf die sprichwörtliche Wohlhabenheit von Deutschlands eidgenössischem Alpennachbarn anspielt.

Die reine Freude für Nostalgiker – und Einbrecher: Bremer Stangen sind durch geschicktes Anbohren leicht zu überwinden

Bremer Stange

Jeder Tischler, der in Bremen mit alten → Bremer Häusern zu tun hat, kennt die Bremer Stange, also den eisernen, in der Regel x-fach übergestrichenen Verschlussbeschlag für Fenster und Balkontüren.

Bremer Stein

Da der Obernkirchener Sandstein in Bremen seit Jahrhunderten nicht nur verbaut, sondern von dort aus auch weiter gehandelt wird, erhielt er den Namen Bremer Stein. Wer diese Umtaufe anmaßend findet, sei darauf hingewiesen, dass der Bremer Stein gar nicht in Obernkirchen, sondern seit dem 11. Jahrhundert in den nahen Bückebergen gebrochen wird. Somit müsste er eher nach diesen heißen, da er dort binnen 130 Millionen Jahren heranwuchs, bis die Steinmetze auf dem Teerhof die Weserrenaissance aus ihm herauspickten.

Der Stein findet sich außerhalb der Bückeberge auch im Deister, im Harrl und in den Rehburger Bergen. Zu 95 Prozent reiner Quarzsandstein, verliert er bald nach dem Bruch sein helles Gelb und wird grau, weshalb er auch als »Graustein« bekannt ist.

Bremer Stil

»Das bemerkenswerte am Bremer Stil war, dass es ihn gar nicht gab«, sagte Kurt Hübner rückblickend auf seine Zeit als Intendant des Goethe-Theaters in Interviews. Tatsächlich sei jede Inszenierung anders gewesen. Unter Hübners Leitung seit 1962 brach sich das Regietheater in Bremen Bahn. Der Bremer Stil brachte der Stadt einen hervorragenden Ruf in der deutschen Theaterlandschaft ein – und die konservativen Abonnenten auf die Palme. Legendär war die Inszenierung von Schillers Räubern 1965/66. Sehr freie Interpretationen ließen Platz für Experimente

B

und Improvisationen. Am Ende jedoch ging die Politisierung des Theaters so weit, dass selbst Hübner keine Lust mehr hatte. Das stärkste Beispiel lieferte der junge Bruno Ganz, der 1968 mitten in der Operette »Der Bettelstudent« die Aufführung unterbrach, um eine Resolution gegen die Notstandsgesetze zu verlesen.

Bremer, Ich bin doch kein

→ *Gitt, nee, was für ein Gemeinheit!* Der Spruch ist eine Geißel für alle Bremer im »Ausland«. Natürlich sind sie fleißig und alles andere als → Fuuljans, aber wenn im übrigen Norddeutschland jemand angebotene Hilfeleistung ausschlägt, geschieht das mitunter mit der Bemerkung: »Ich bin doch kein Bremer, der sich die Arbeit aus der Hand nehmen lässt.« Niemand weiß genau, wie und wann das Wort auf die armen → Rolandskinder fiel, aber schon im 18. Jahrhundert war der Schnack bekannt. Vielleicht gab es ja mal einen Briefträger namens Bremer, denn Postboten geschieht es ja öfter mal am Gartenzaun, dass sie sich ihre Arbeit, nämlich das Tragen des Briefes, »aus der Hand nehmen« lassen?

Bremerhaven → achteraus

segeln → Bahnhof am Meer

→ bürgern → Bürgerpark → Bürgerschaft → Damen vom Ballett → Enklave, Amerikanische → Fisch-Town → Freihafen → Granat puln → Hein Mück → Kaje der Tränen → Kogge → Marsch → Neue Weser → Nobelpreisträger → Norddeutscher Lloyd → Ozeanflieger → Pingel → TEU → Zwei-Städte-Staat

Bricken

(oder Pricken) sind plattdeutsche Neunaugen. Der kleine Speisefisch galt einst als erfolgreicher Bremer Exportartikel. Die Delikatesse wurde unter staatlicher Aufsicht gebraten, in Fässer verpackt und mit dem → Bremer Schlüssel gekennzeichnet.

Überdies war Bricken auch eine alte Bremer Doppelbezeichnung sowohl für den Anteil am Viehauftrieb auf einer Gemeinschaftsweide als auch für die kleinen hölzernen Schilder, die die Kühe um den Hals trugen. Als Zeichen der Weideberechtigung waren auch diese mit dem Bremer Schlüssel und einer Nummer versehen.

Brinken

altes Bremisch für Brinkum

Brinkmann AG, Martin

→ Texas-Elf

Brülldschant

Bremer Ausdruck für einen ge-schliffenen Schmuckdiamanten

Büdel

bezeichnet einen Beutel oder eine weiche Tasche. Mit einem Substan-tiv vorweg, kann es aber → Bergen-de von Bedeutungen annehmen: Tranbüdel kommen z.B. nicht in die Puschen. Sabbelbüdel quat-schen andere in Grund und Boden – dasselbe tun Quarkbüdel, gern auch mit Beschwerden, sodass sie eigentlich → Nieselprieme oder → Blarrbüdel sind (→ Schietbüdel). Mit → Stinkbüdeln will überhaupt keiner was zu tun haben.

Bulten

sind plattdeutsche Haufen, und zwar von irgendwas, z.B. Klei-dungsstücken, Sandsäcken, Kin-dern o.Ä. In der Natur meinen Bulten haufenartigen Graswuchs auf sumpfigem Gelände. Der be-kannteste Bremer Bulten ist der Hastedter Bulten auf der linken Weserseite nahe der → Erdbeer-brücke (s.a. → Neue Weser).

bumms büst buten

So geht's oft im Leben: Nur ein-mal nicht aufgepasst oder dane-bengegriffen, und schon bist du draußen oder eben auf gut Bre-misch: *Bumms büst buten!*

bün, büst

lauten die erste und zweite bremi-sche Person Singular von »sein«: Ich bin, du bist.

Bundespersonalvertretungs-gesetz → Manitu, der große

Buntentor

Hinter den schönsten Orts- und Straßennamen verbergen sich häufig die banalsten Erklärungen. Am Ende des Buntentorsteinwegs befand sich einst das »Südertor« der alten Bremer Stadtbefesti-gung, das wohl nach der farbig angestrichenen Brücke über den Neustadtswallgraben dahinter das »bunte Tor« genannt wurde und so zu seinem Namen kam. Wer in Bremen in der Nähe des Buntentors wohnte, galt im übri-gen Bremen als → Geelbeenter.

bürgern

kann man gar nicht in der Stadt Bremen, sondern nur in Bremer-haven, denn »bürgern« meint spazieren und einkaufen gehen auf der Hauptgeschäftsstraße der Seestadt, der Bürgermeis-ter-Smidt-Straße, der »Bürger« eben. Zu ihr gibt es folgende Un-terteilungen: Die »alte Bürger« ist die frühere Kaiserstraße mit den noch erhaltenen historischen Häuserfassaden. An sie schließt sich die »verlängerte Bürger« an, und zwar von der Lloydstraße bis zum Bürgermeister-Donandt-Platz (früher: Hindenburgplatz). Die »obere Bürger« dagegen ist ganz woanders, denn damit ist die Einkaufszeile im Columbus-Center gemeint.

Bürgerpark

»Das ist der erste Deutsche, der mir imponiert hat!«, sagte ein amerikanischer Offizier im Jahre 1945 über den damaligen Bürger-parkdirektor Hugo Riggers. Der hatte sich nämlich selbst nach Androhung der Todesstrafe mit unverminderter Vehemenz weiter gegen die Anordnung der Militär-regierung gewehrt, den gesamten Bürgerpark zur Gewinnung von Brennstoff abzuholzen. Ange-sichts dessen heutiger Schönheit wundert es nicht, dass die Bremer ihren 1867 – 70 vom »Verein zur Bewaldung der Bürgerweide« an-gelegten Park sehr lieben. Staunen kann man aber darüber, dass Un-terhalt und Pflege der 202 Hektar inklusive aller Kunstwerke, Denk-male und des großen Tiergeheges durch Spenden finanziert werden (→ Stiftungen). Auch der 1906 nördlich der Bahnlinie angelegte Stadtwald gehört zum Bürgerpark. Mal sehen, wann der Tunnel zwi-schen beiden Parkteilen kommt, auf den die Bremer schon seit 100 Jahren warten.

Nicht zu vergessen ist im Lande Bremen: 1906 – 08 entstand unter Federführung des »Geestemün-der Waldvereins« der 1912 zu sei-ner heutigen Größe ausgebaute »Bürgerpark« der Seestadt Bre-merhaven.

Bürgerschaft

Der Landtag in Bremen heißt of-fiziell »Bremische Bürgerschaft« und hat 83 Mitglieder, davon 15 aus Bremerhaven. Sitz ist seit 1966 das »Haus der bremischen Bürger-schaft« am Markt. Unbedingt be-merkenswert: Der Architekt Was-sili Luckhardt musste 1961 seinen ersten Entwurf mit kühler Glasfront durch angedeutete Giebelchen tra-ditionalistisch anpassen – und so-mit »das Häkeln lernen«, wie Zeit-genossen über die arg gebremste Moderne spotteten.

Bürgerweide → Gräfin Emma

büschen

ist weder ein Strauch noch ein Gebüsch, sondern einfach nur gängigstes Bremer Hochdeutsch für »(ein) bisschen«.

Bullerballer

oder Bullerkopp ist bremisch ein laut polternder Mensch.

buten un binnen (Fernseh-sendung)

Es gibt Bremer, die sich einen All-tag ohne diese regionale Nachrichtensendung nicht vorstellen können. Am 1. September 1980 strahlte Radio Bremen erstmals seine »Bremer Berichte« aus, zwei Monate später erhielten diese dann den Namen »buten un binnen«.

Buten un binnen/Wagen un winnen

Otto Gildemeister (1823–1902) hatte viele Talente. Schon als Gymnasiast (→ AG) beherrschte er Englisch, Französisch und Italienisch. Er konnte treffend formulieren und brachte es zur leitenden Stellung in der Redaktion der »Weser-Zeitung«. 1852 wurde er zusätzlich Senatssekretär und Archivar. 1857 trat er in den Senat ein und wurde später Bürgermeister. Nebenbei brachte er 1864 sechs sehr erfolgreiche Bände des britischen Dichters Lord Byron in deutscher Sprache heraus, übersetzte für den Brockhaus Verlag mehrere Werke Shakespeares, dann Ariosts »Rasenden Roland« und Dantes »Göttliche Komödie« – aber sichtbarstes Zeichen seines Wirkens wurde doch nur ein winziger Vers. Seit 1899 ist er über dem Portal des → Schüttings zu lesen und gilt heute als hanseatisches Motto schlechthin: Buten un bin-

Otto Gildemeister war ein Mann mit vielen Talenten. Seine Büste ist im Focke-Museum ausgestellt

nen/Wagen un winnen, zu Hochdeutsch: Draußen und drinnen/Wagen und Gewinnen; der Spruch richtet sich an den Kaufmann und will ihm sinngemäß verdeutlichen: Nicht nur im vertrauten heimischen Markt, sondern auch außerhalb sollst du die Märkte nutzen, und auf beiden musst du etwas riskieren, um Gewinne zu machen.

Butener oder Butenminschen

sind nicht drinnen, sondern draußen, und deshalb keine Bremer, sondern auswärtige Minschen (= Menschen).

C

Buttjer

werden spielende oder *herumstromernde* Jungs oder Kinder genannt. Sie sind lieb und harmlos, denn wenn sie böse sind, heißen sie klassisch → Flätangeln.

buttjern

ohne festes Ziel herumstreunen. So beendet z.B. eine schwer arbeitende Angestellte die Beschreibung ihres immergleichen Alltags mit den Worten: »Denn buttjer ich abends noch mal 'n büschen mit'n Hunden 'rum, und das war's dann.«

Büx

heißt die »Hose« auf Platt, und wenn jemand jemanden »bi de Büx kricht«, dann hat er ihn – und zwar festgenagelt. »Bi de Büx« gegriffen, steckt man in der Klemme. Dann bloß kein → Bangbüx sein und an die Kinderzeit denken: »Bange machen gildet nich!«

Chausseen → Heerstraßen

Chiamulera → Tschiamulera

Colpier → Kaje der Tränen

Containerschorse

→ Ökelname von Senator Georg Borttscheller (1896 – 1973), der sich die Förderung des Containerumschlags auf die Fahnen seines Ressorts geschrieben hatte. In seiner Zeit als Senator für Häfen, Schiffahrt und Verkehr geschah es auch Mitte der 1960er Jahre, dass Vertreter der Reederei Sea-Land aus den USA ergebnislos nach Hamburg reisten, um dort Partner für den Umschlag von → TEU zu gewinnen. Sie fuhren weiter nach Bremen und trafen bei der Bremer Lagerhausgesellschaft (BLG) auf weitblickendere Direktoren. Und so kam es, dass 1966 mit der »Fairland« das erste Deutschland anlaufende Vollcontainerschiff bei Schuppen 16 im Bremer Überseehafen festmachte.

Contrescarpe

Ob die Smidt'sche Villa oder das Domizil des Institut Français: schönste Gebäude liegen an einer der schönsten Bremer Straßen, der Contrescarpe. Dass ihr Name französisch ist, hängt mit der versierten Kriegstechnik im Frankreich des 16./17. Jahrhunderts zusammen. Dort wurden zu schützende Orte oder Städte mit zickzackförmig verlaufenden Gräben und hohen Wällen umgeben und damit nahezu uneinnehmbar. Auch die Bremer guckten sich die französische Verteidigungsbautechnik samt ihren Begriffen ab: Contrescarpe heißt übersetzt »die gegenüberliegende Böschung« und meint das Gebiet jenseits des Schutzgrabens. Mitte des 19. Jahrhunderts, als die Verteidigungswälle längst Parkanlagen geworden waren, begann die Bebauung der Straße mit großen Wohnhäusern. Der Bremer Volksmund vernuschelte den Begriff *schlankwech* zur »Kunterschaft«.

da nich für

oder »Dafür nich!« wehrt freundlich einen Dank ab im Sinne des hochdeutschen »Keine Ursache!«. Wer zwar gern helfen möchte, aber in der betreffenden Angelegenheit nichts tun kann, sagt: *Das kann ich nich helfen!*

Daalschlag

Einen solchen meinen Bremer in Momenten zu »kriegen«, in denen Bewohner anderer Orte glauben, sie trete ein Pferd. »Daal« ist schon in Tilings Wörterbuch (1767 – 71) als bremisch-niedersächsisches Wort für nieder/niederwärts verzeichnet, und der Daalschlag steht somit also eigentlich für einen neudeutschen K.-o.-Schlag.

Damen vom Ballett

war in den 1950er/60er Jahren eine verbreitete Bezeichnung für die Prostituierten, die an der → Küste ihre Kundschaft suchten.

Auch im damaligen Bremerhaven wurden sie von den amerikanischen Besatzungssoldaten »Veronikas« genannt, und die GIs lösten die Abkürzung »V.D.« für veneral disease (zu deutsch: Geschlechtskrankheit) als klingendes »Veronika, danke schön!« auf. Viel älter als die erst 1827 gegründete Seestadt ist dagegen der Bremer Begriff »Punke« für Freudenmädchen. Als in den 1750er Jahren längere Zeit französische, englische und hannoversche Truppen östlich vor den Toren Bremens lagerten, fanden sich am Deich zwischen Tiefer und Sielwall zahlreiche Punken ein und suchten ihre uniformierten Freier. Die Bremer sahen das und verpassten dem bisherigen »Sieldeich« mit »Punkendeich« flugs einen Spottnamen. Die Soldaten zogen wieder ab, die losen Mädchen auch – aber der Name »Punkendeich« blieb bis heute.

dascha

wird hochdeutsch »das ist ja« gesprochen, *abba dascha zunn Glügg nich nöötich. Muscha ein auch nich schlümm finn'n, sonne schön' bremüsche Wöda- un Sülbenkontraktschionen, un kann se ruich anwenn'n.*

DDG-Hansa → Hungerkreuz

D

Demmost

Delmenhorst (s.a. → Jute, → Jungfer Rose, → Mudder Cordes)

Denn bis denn

ist eine dauernd zu hörende und etwas geheimnisvoll anmutende Abschiedsformel. Das erste »denn« ersetzt ein einleitendes »Nun also ...« oder »Also dann ...«. Das folgende »bis denn« (auch: »bis denne«) ist eigentlich ein »bis dahin«, bezieht sich auf den Zeitpunkt des nächsten Zusammentreffens und meint etwa: »... bis dahin, wenn wir uns wiedersehen.«

Denn man zu! → Man zu!

Deputationen

sind ein politisches Überbleibsel aus den vordemokratischen Zeiten der alten Bremer Stadtrepublik (bis 1919). In den Deputationen arbeiten Senatsmitglieder und Bürgerschaftsabgeordnete gemeinsam mit Bürgerinnen und Bürgern, die weder Senat noch Bürgerschaft angehören, zusammen. Schon in der Mitte des 18. Jahrhunderts ist die Arbeit der Deputationen belegt. Die 16 heutigen staatlichen Deputationen tragen den Charakter von Verwaltungsausschüssen, werden von einem Senatsmitglied geleitet und von zwei Bürgerschaftsabgeordneten nach außen vertreten.

Dickmilch → Mülch

Die Maus

Der 1926 gegründete Verein »Die Maus – Gesellschaft für Familienforschung e.V. Bremen« trägt seinen Namen, weil er 1926 in dem »Mausefalle« genannten Raum der Gaststätte Bremer Ratsstuben gegründet wurde. Außerdem ist bei wild lebenden Mäusen zu beobachten, dass sie ähnlich emsig nach Futter suchen wie die Bremer Genealogen nach den Quellen, die ihnen weitere Hinweise auch auf den entlegensten Spross der gerade untersuchten Familie versprechen. Sitz der Maus ist das Staatsarchiv Bremen im → Fedelhören.

Die sieben Faulen → Faulen, Die sieben

direkt

ist mitunter zu hören im Sinne von »tatsächlich«, »absolut« oder »hundertprozentig«. Mit einem *Dascha direk' Quatsch!* wird eindeutig Gegenposition bezogen – und etwa dieser Inhalt zu verstehen gegeben: »Das ist vollkommener Unsinn, lass mich damit in Ruhe!«

Diskomeile → Küste

Doch

Ausdruck für ein → Ja, das erst nach kurzem Abwägen geäußert wird.

Dollar → Bremer Dollar

Dom, Findorffer

Weil sie mit 750 Plätzen das größte Bremer Gotteshaus außerhalb der Innenstadt ist, wird die Martin-Luther-Kirche an der Ecke Eickedorfer Straße/Hemmstraße auch »Findorffer Dom« genannt.

Domisten → Rolandskinder

Domklinken putzen

Geputzt werden eigentlich gar keine Klinken, sondern einer der beiden »Brautlöwen« – oder was immer das für Wesen sein sollen, die an den beiden Hauptportalen die zwei Türzieher im Maul tragen. Wer putzen muss, sind Bremerinnen, die a) das 30. Lebensjahr vollenden, b) noch nicht verheiratet sind und c) von ihren Freundinnen eine Veranstaltung organisiert bekommen, die bis auf den Unterschied des zu säubernden Gegenstandes sehr dem → Domtreppenfegen lediger Männer ähnelt. Auch sie müssen freigeküsst werden, und vielleicht ist bei einer solchen Party ja schon mal eine Verbindung zustande gekommen, die später nur weni-

Brautlöwe am Bremer Dom

ge Meter entfernt bis durch das → Brautportal führte.

Einem alten Bremer Spruch nach, gab es einst drei alte Jungfern, die dazu verdonnert worden waren, nach ihrem Ableben auf unbestimmte Zeit den Knopf auf der Spitze des »Scharstorms«, also des Turms von St. Ansgarii, zu putzen. Da die → *Scharskarken inner Stadt nu nicht mehr steht*, gibt's auch keinen Knopf mehr, und deshalb muss einer der Brautlöwen herhalten.

Dom-Maus

Lange vernachlässigt, zählt die Dom-Maus mittlerweile zu den bekanntesten Bremer Tierdarstellungen nach den → Stadtmusikanten. Etwa zehn Zentimeter lang in Stein gehauen, ist der

D

Die Maus im Bremer Dom

Nager seit dem 11. Jahrhundert am inneren Portal des südlichen Seiteneingangs zum Chor des Bremer Doms zu sehen. Sie galt immer wieder als Scherz mittelalterlicher Handwerker oder als eines ihrer Erkennungszeichen. Doch jüngst widmete sich ein pensionierter Zoodirektor und Kenner mittelalterlicher Tierplastik dem Thema. Er wies in seinem Buch über die Bremer Dom-Maus zweifelsfrei deren Sinn und Zweck nach: Da Mäuse und Ratten einst als Sinnbild für Teufel und Hexen galten, sollte das gemeißelte Exemplar derlei bösen Geistern den Zutritt zur Kirche verwehren.

Domtreppen fegen

Fegen tun ledige Männer an ihrem 30. Geburtstag, sofern sie durch Freunde und Vewandte dazu genötigt werden. Hintergrund könnte der alte Aberglaube sein, dass ein kinderloser Lebenswandel ein sinnloser sei, der nach dem Tode mit der Verbannung an einen Ort sinnloser Tätigkeit bestraft würde. Deshalb wird den jungen Leuten (Frauen müssen die → Domklinken putzen) zu Lebzeiten nachgeholfen. Früher war es der Domshof, der gefegt wurde, aber seit Langem sind es die Domtreppen, die sich auch wegen der besseren Sichtbarkeit des noch zu Vergebenden gut eignen. Gefegt wird unter Drehorgelspiel so lange, bis eine Jungfrau den ledigen Jubilar freiküsst – es sei denn, es handelt sich um einen gut aussehenden Sportsmann. Der hat Aussicht auf schnelle Befreiung,

Madda un Kede mit Speckflaggen und dem Löwen aus dem großen Bremer Wappen. Titelblattillustration von Ada Halenzas 1954 erschienenem Buch »Madda und Kede und andere lustige Geschichten aus Bremen«

Fegen bis der Arzt oder eine Jungfrau kommt

und dann ist die Regel sinnvoll, je Kuss nur eine Stufe freizugeben.

Dongdjuan → Aweck

Döntje

steht plattdeutsch für eine kleine lustige Geschichte oder einen längeren Witz und ist damit eigentlich kein bisschen bremisch. Aber es gab zwei äußerst populäre Bremer Autoren von Döntjes, die in der Hansestadt spielen: Karl Lerbs (1893–1946) und Ada Halenza (1900–1990). Lerbs stammte aus einem Kaufmannshaus, arbeitete als Journalist und zeitweise auch als Dramaturg am Schauspielhaus.

Er hatte die Fähigkeit, in der ganzen gesellschaftlichen Bandbreite vom Hafenarbeiter bis zum Patrizier so etwas wie eine lokale Volksseele zu erkennen und in kleinen Geschichten humorvoll darzustellen. Dabei gelangen ihm treffliche Gleichungen, etwa zur Damengarderobe im Bremer Theater: Luststück = helle Bluse, Trauerstück = bedeckte Bluse. In Bezug auf Letztere berichtete er von praktisch veranlagten Aboinhaberinnen, die die auf der Bühne Versterbenden im Programmheft durchstreichen, um so im Stück besser »durchfinden« zu können. Zeitlos schön sind seine »Schrappsels« genannten Minidöntjes (→ klönen) oder seine Zitate von »Tante Doris«, einer überzeugten Bremerin (→ Pingel, → Speckaal). Ada Halenzas Witz war etwas weniger hintergründig als der von Lerbs und mehr von haarsträubender Komik und Direktheit geprägt. Darüber, wie sie in den Döntjes ihren beiden Hauptfiguren, den sprachgewaltigen Freundinnen »Madda und Kede« (= Martha und Käthe) freien Lauf gewährt, bleibt noch heute kein Auge trocken (→ Hachott, → umzu, → zu). Halenza hat das → Missingsch in Bremen als literarische Form etabliert. In ihrem einzigen Roman »Seinerzeit ... zu meiner Zeit« (1949, mit vielen Korrekturen aus dem Nachlass der Autorin neu herausgegeben 2011) zeichnet sie ein ebenso liebevolles wie nostalgisch verklärtes Bild des Ostertorviertels ihrer Kindheit vor dem Ersten Weltkrieg.

Unzählige Döntjes verstecken sich auch im wunderschönen Werk des 1935 verstorbenen, sehr beliebten Bremer Heimatdichters Georg Droste (→ Ottjen Alldag).

Dorf mit Straßenbahn

Dass Bremen doch ein »Dorf mit Straßenbahn« sei, könnte z.B. als spöttische Entgegnung zu hören bekommen, wer außerhalb der Stadt zu laut von der »Wesermetropole« spricht. Aber genau

Zwei Dinge, die in Bremen alle gut finden: Die Straßenbahn und das Rathaus. Foto vom 28. September 1964, als eins ins andere geriet – zum Glück verletzte die »2« niemanden und konnten die Arkaden repariert werden.

betrachtet, ist es kein Spottwort: Das Bild vom Dorf steht für die Überschaubarkeit und das Gemütliche an Bremen, die Straßenbahn für ein bequemes und umweltfreundliches Verkehrsmittel darin.

dreimal
ist → Bremer Recht

Dschahrende
dauert manches, bis es nach »etlichen Jahren« endlich gut wird – oder auch nicht.

Dscharses
oder »Djarses!« oder »Jarses!« rufen alte Bremer, wenn sie plötzlichen Grund zum Ärgern haben und dies etwa so zum Ausdruck bringen, wie es Hochdeutsche mit »Teufel auch!« oder »So ein Mist!« und andere Norddeutsche mit »So'n Schiet!« tun.

Dscholli
Sonn'n Dscholli (Arme auseinander, Handflächen zueinander) *war das, den ich Freitach ausse Weser gezogen hab!* Nicht nur im Gespräch unter bremisch sprechenden Angelfreunden soll mit Dscholli etwas als außerordentlich (groß, schwer, lang, dick) beschrieben werden. Es kann also alles Mögliche bezeichnen (z.B. die Gans, die es früher immer zu Weihnachten gab, oder die Frikadelle, die der verrückte Soundso auf der Party mit zwei Bissen in sich hineinstopfte). Auf jeden Fall sind viele Dschollis sogar so groß, dass man es kaum glauben kann – oder sollte. Es gibt allerdings auch Bremer Hunde, die so heißen, was gar nicht übertrieben, sondern einfach eine *nüddeliche* Namensgebung ist.

Dschungedi
oder »Djungedi!« oder »Jungedi!« rufen alte Bremer, wenn sie plötzlichen Grund zum Erstaunen haben und dies etwa so zum Ausdruck bringen, wie es Hochdeutsche mit »Junge, Junge!« oder »Mannomann!« und andere Norddeutsche mit »Mann inne Tünn!« (= Tonne) tun.

Düne (rauf und runter)
Nicht der Dom markiert die Kuppe der berühmten »Düne« des von Verden kommenden Geestausläufers, auf dem Bremen einst entstand, sondern die höchste Stelle der Innenstadt liegt mit 14 Metern über Normalnull nahe dem ehemaligen Polizeihaus, jetzt Stadtbibliothek, am Wall. Da es dort ebenso hoch wie trocken war, spotteten die Bremer schon nach Fertigstellung des → unbremisch massigen Gebäudes im Jahre 1908 zur Frage nach dem Sinn der über-

dimensionierten Eisenringe am Eingang: »... zum Festmachen von Schiffen ja wohl nicht.« Von dort geht es also rundum abwärts. In Richtung Norden gelangt man im Blockland bis auf einen knappen Meter Normalnull am nächsten – wenn man nicht weiter auf die mit sagenhaften 49 Metern höchste Bremer Anhöhe fährt, den Müllberg der Blocklanddeponie. Der höchste natürliche Punkt im Bremer Staatsgebiet liegt übrigens mit etwa 32,5 Metern irgendwo im Friedehorstpark (s.a. → Bremer Schweiz), die höchste Toilettenspülung rauscht im → Fallturm in die Tiefe, und der höchste Punkt überhaupt ist der 256 Meter hohe Kamin von Block 6 des Kraftwerks Hafen.

durch'n Tüdel

oder auch »in Tüdel gekommen« oder »vertüdelt sein« heißt es bremisch für Leute, die in völlige Verwirrung geraten sind, und zwar so schlimm wie ein von der Spule gerutschter Garnfaden oder ein Bündel verhedderter Schnürsenkel.

Eck → Vöddel

egal wech

heißt ununterbrochen. *Was für'n miesen Sommer – und schon im April hat's egal wech geregnet!*

ehm

bedeutet »eben« im Sinne der Formel »mal eben kurz«, z.B. im Auto: *Kannsma beier Tankstelle anhalten, büdde, muss ehm 'ne Zeidung holn.*

Eichhörnchenwache

nennen die Schwachhausener die direkt am → Bürgerpark gelegene Polizeiwache 7. Neben den 22 diensttuenden Beamten ist hier der »Zug Ost« der Bremer Bereitschaftspolizei beheimatet.

Sandsteinkunst am Eingang der Polizeiwache 7

ein

ist in Bremen auch gern mal als Variante des unbestimmten → man zu hören: *Ein glaubt es nich!*

ein bei ein

heißt »Stück für Stück« oder »einer nach dem anderen«.

einholen

Wenn es heißt: *Ich geh ehm einholen*, dann ist jemand auf dem Weg zum Einkauf von Lebensmitteln. Länger dauert »Besorgungen machen«. Wer das in der → Stadt erledigt und damit vor Mittag fertig ist, kann auch *aufm Domshofmaakt noch schnell was einholn*.

Einkaufszentrum mit Rakete

hieß spöttisch das ambitionierte Bremer Großprojekt »Space Center« auf dem früheren Gelände der A.G. »Weser« (→ Akschen). Der Freizeit- und Erlebnispark (»Space-Park«) rund um das Thema Weltraum kam zwar im Februar 2004 und die Rakete auch. Aber einkaufen konnte man selbst dann noch nicht, als mangels Zuspruch bereits im September das Ganze samt einigen Hundert Millionen Euro Investitionsgeldern in die Weser baden ging. Tatsächlich mit Einkaufen versucht nun seit 2009 der Shopping-Tempel »Waterfront« das Abheben.

einklich

ersetzt sprachliche Wendungen im Sinne von »normalerweise«, »genau genommen«, »an sich«, »im Prinzip«, »im Grunde (nur)«, »sozusagen« und »letztendlich«, auch »überhaupt« und »ursprünglich« und *einklich* noch → Bergende mehr.

»Ein Prosit der Gemütlichkeit«

S-teif und dröge soll'n die Bremer sein? Soll ja angehen, würd' aber → direkt nich dazu pass'n, dass ausgerechnet dies Lied, wo ein' gleich das Oktoberfest in Münch'n einfällt, in Brehm' gedichtet iss, oder? War aber so, und sogar ein vor dem Ersten Weltkrieg erschienenes bayerisches Burschenliederbuch vermerkt den Bremer Georg Kunoth als Autor. Der lebte von 1863 bis 1927 und war Zeitungsredakteur und begabter Melodienschreiber. Sein »Ein Prosit der Gemütlichkeit« erschien 1901 (op. 34) und wurde nicht nur in Bremen sofort viel aufgeführt und gern gesungen. Somit steht mit → »Lobe den Herren« nicht nur das bekannteste deutsche Kirchenlied, sondern mit Kunoths Weise auch das bekannteste deutsche Trinklied in Verbindung mit der als nüchtern und weltlich geltenden Kaufmannsstadt.

eisch

Wer eisch ist, verhält sich bösartig, mindestens aber ungezogen.

Eisenbahnhafen → Schuppen/Speicher

E

Eisenbahnunglück

oder plattdeutsch *Isenbahnungluck* lautete die intelligent spottende Bezeichnung des Bremer Volksmunds für den 1899 auf dem Domshof eingeweihten Teichmann-Brunnen. Er war aus dem Vermächtnis des Kaufmanns Adolf Teichmann finanziert worden und sollte den Gewinn und zugleich die Gefahren des Wassers für den Menschen darstellen. Dieser Vorgabe folgend, hatte der Künstler dann auch die Inhalte und Figuren derart heftig aufeinanderprallen lassen, dass das Bild zweier zusammengestoßener Züge nicht unstimmig zu sein scheint: Ein schwer beladener, von Wind und Wellen umtoster Nachen wird von einer sich an die Bordwand klammernden Nixe zusätzlich in Schräglage gebracht. Ihr keine Beachtung schenkend, richtet der Schiffsführer seinen Blick vielmehr fest nach vorn, wo über dem Bug seines Fahrzeugs der römische Gott Merkur den Handelsgewinn durch Schifffahrt symbolisiert. Alles an dem von vielen als unangemessen groß für den Domshof erachteten Monumentalwerk war in wilder Bewegung – bis es 1940 einer Metallspende für den Krieg zum Opfer fiel. Schon lange vorher waren das Kunstwerk und besonders der nur mit Geldbeutel und Ölzweig bekleidete Merkur mehr belächelt als bewundert worden. Dennoch scheiterte 1915 das Projekt, die Anlage in den Bürgerpark zu versetzen. Weil übrigens von der Annahme des Entwurfs des Künstlers Rudolf Maison bis zur Aufstellung des Brunnens so viel Zeit verstrichen war, hatte das »Eisenbahnunglück« zunächst den Beinamen »Tööf-man-Brunnen« (Warte-mal-Brunnen) erhalten. Amüsieren tat sich auch der Schriftsteller Karl Lerbs über die Anlage. In einem seiner → Döntjes berichtet er von einem weiteren Detail der Brunnengestaltung: Sittenstrenge Bremerinnen erreichten die nachträgliche Montage eines Feigenblattes am nackten Merkur.

Eiswette

Vor zwei Jahrhunderten fror die noch nicht begradigte und vertiefte und deshalb noch viel langsamer fließende Weser regelmäßig zu. Darauf zu wetten, dass sie es einen ganzen Winter lang nicht tun wird, wäre riskant gewesen. Aber ob sie an einem bestimmten Tag im Januar »steht«, also zugefroren und begehbar ist, oder »geht«, also fließt, das war anno 1829 durch-

Kunst mit viel Aktion: Wo heute das »Alex« auf dem Domshof seine Gäste bewirtet, stand einst der monumentale Teichmann-Brunnen, an dem es viel zu begucken gab

Pinguine an treibenden Eisschollen? Beim »Verzehr der Wette« ist unter den Eiswettgenossen gute Laune angesagt (und Spendenfreude erwünscht)

aus eine witzige Wettidee junger Leute. In jenem Jahr fand die erste Eiswette statt. Wie gesagt, heute ist nicht mehr zu erwarten, dass die Weser steht, und dass trotzdem gewettet wird, liegt daran, dass von Anfang an der Spaß an der Sache das Wichtigste war. Der Wetteinsatz war enorm, denn der Verlierer hatte eine Feier für alle auszurichten. Ob die plattdeutsche »Werser steiht oder geiht«, wird am 6. Januar und nach wie vor durch einen 99 Pfund schweren Schneider mit einem heißen Bügeleisen in der Hand am Punkendeich (→ Damen vom Ballett) ermittelt. Einige Tage später wird

dann gefeiert, und zwar nicht allein, denn die »Eiswettgenossen« laden zum »Verzehr der Wette« viele Gäste ein. So finden sich bis zu 700 Smoking-Träger zu einer »skurrilen Männersause« ein, wie einst ein Ehrengast die Veranstaltung in nur zwei Worte zu fassen verstand. Tatsächlich durften Frauen bis 2019 nicht mitmachen. Sie konnten als »Eiswettwitwen« im Park Hotel höchstens warten und wetten, in welchem Zustand sie ihre Männer nach stundenlangen Reden und diversen Speisegängen wohl zurückerhalten. Als gesellige Höhepunkte und wichtige Momente der

Weniger bekannt als der Elefant bei der Bürgerweide ist dies Geschöpf im Bremer Dom. Eine Gestühlswange aus dem 14. Jahrhundert verbildlicht die Bibelstelle im Buch der Makkabäer, in der Kriegselefanten vorkommen – nur konnte damals natürlich niemand dem fragenden Künstler sagen, wie ein Elefant denn wohl genau aussehe. Und so gab es offenbar nur diese drei Infos: Er hat einen Rüssel und große Ohren, und er kann vier Soldaten tragen

Kontaktpflege gelten die »Raupipau« (Rauch-und-Pinkel-Pausen), wenn sich die Teilnehmer die Beine vertreten und die feste Sitzordnung an den großen runden Tischen vorübergehend aufgelöst ist. Den an strenge Regularien gebundenen Organisatoren gelingt es immer wieder, Prominente aus Wirtschaft und Politik an die Weser zu holen, sie durch gute Unterhaltung für die Stadt einzunehmen – und ganz nebenbei Spendengelder in sechsstelliger Höhe für die Deutsche Gesell-schaft zur Rettung Schiffbrüchiger einzusammeln! Auch dies geht nur zur Eiswette: edler, sorgsam ausgesuchter Bordeaux und dazu → Köm, Kohl und Pinkel.

Elefant (Denkmal und Schulemblem)

Der etwa zehn Meter hohe Elefant im kleinen Park zwischen Hermann-Böse-Straße und Gustav-Detjen-Allee ist ein bekanntes Bremer Denkmal. Fritz Behn entwarf die aus Klinkern gemauerte Skulptur für das 1931/32 errichtete Kolonial-

E

Ehrenmal samt einer Feierhalle im Sockel. Schon bei der Einweihung von kritischen Tönen begleitet, erfolgte 1989/90 die Umwidmung in ein »Anti-Kolonial-Denkmal«. Zum Glück für Bremens Stadtbild, denn so konnte statt des Abrisses wegen Baufälligkeit die politisch korrekte Sanierung beschlossen werden (und im nahen Hermann-Böse-Gymnasium braucht man zur Erklärung des Dickhäuters im Schulemblem nicht auf alte Fotos, sondern nur mit dem Daumen über Schulter und Straße zu zeigen).

Ellen

Wie der Ortsname → »Oslebshausen« in weiter entfernten Stadtgebieten durch seine Strafanstalt einen gefährlichen Klang erhielt, so wurde früher in Bremen der Name des Dorfes Ellen (im heutigen Stadtteil Osterholz) mit »Klapsmühle« gleichgesetzt. »Du landest bald in Ellen!« bezog sich auf das »St. Jürgen-Asyl für Geistes- und Nervenkranke«, das 1904 in Ellen eingerichtet wurde. 1928 ging daraus die »Bremische Heil- und Pflegeanstalt« hervor, 1940 in »Städtische Nervenklinik« und 1975 in »Zentralkrankenhaus Bremen-Ost« umbenannt. Alle drei sind damit Vorläufereinrichtungen des heutigen Klinikums Bremen-Ost. Unbedingt lohnend ist übrigens ein Besuch des dortigen Krankenhaus-Museums, in dem das Thema »Psychische Erkrankung« nicht nur medizinisch, sondern besonders auch aus kulturellem und gesellschaftlichem Blickwinkel betrachtet wird.

Elterleute → Ollermannskarken

Emil

Name der Kleintransporter der Bremer Straßenbahn AG, die als Pannenhelfer für die Züge in Bremen unterwegs sind. Emil steht für den Anfangsbuchstaben ihrer Dienstbezeichnung »Einsatzwagen«, der im Funkalphabet als »E« mit »Emil« abgekürzt wird. Wer früher im → Vorderwagen nah beim Fahrer stand, konnte alle paar Minuten »Emil 8, bitte kommen« oder Ähnliches aus dem Funklautsprecher krächzen hören.

Emma → Gräfin Emma

Enklave, Amerikanische

Bremen war Ende April 1945 von Einheiten des XXX. britischen Armeekorps eingenommen worden und wurde anschließend Teil der britischen Besatzungszone. Wie schon Monate zuvor geplant, bildete es darin jedoch zusammen mit Bremerhaven (Wesermünde) eine Enklave unter amerikanischer Verwaltung. Über Bremen/

Bremerhaven als »port of embarcation« erfolgte fortan aller Nachschub für die US-Truppen in Deutschland. Dies erwies sich als sehr vorteilhaft für Bremen, denn die Amerikaner investierten nicht nur umgehend in den Wiederaufbau der Infrastruktur, sondern befürworteten auch die Wiederherstellung Bremens als selbständiges Land. Die war 1949 mit der Gründung der Bundesrepublik abgeschlossen, genau wie die Zeit der »American Enclave« an der Weser (s.a. → HB).

entnüchtern → Rat, Rathaus

Erdbeerbrücke

Bremens prächtigste Erdbeeren wachsen seit jeher auf Habenhauser und Arstener Feldern. Deshalb kam die 1966–71 offiziell als »Werderbrücke« zwischen dem Osterdeich und Habenhausen über die Weser und → Kleine Weser gebaute Brücken- und Hochstraßenverbindung schon in der Bauzeit zu ihrem inoffiziellen und viel bekannteren Namen »Erdbeerbrücke«. Auch die 1999 erfolgte Umbenennung von »Werder-« in »Karl-Carstens-Brücke« änderte nichts daran. Bemerkenswert hierbei war höchstens das Ächzen und Stöhnen der geladenen Gäste, als bei der feierlichen Enthüllung des Straßenschildes Ecke Osterdeich der Name des aus Bremen stammenden früheren Bundespräsidenten in falscher Schreibweise als »Carl-Carstens-Brücke« in der Sonne glänzte. (s.a. → Neue Weser)

Ernährung (von Bremer Unternehmern)

Ob als Tipp oder zur Warnung – ein uralter Bremer Kaufmannschnack stellt zugereisten Kollegen folgendes klar: *Wer sick in Bremen will redlich ernähren/De mutt veel flicken und wenig verteeren.* Wer hier also etwas werden will, muss seine Ressourcen kreativ nutzen und sparsam sein. 14 Worte Bremer Platt, sauber aufgereiht wie Jahrhunderte hindurch die Münzgewichte der Kaufleute in der Langenstraße. Kräftig zugespitzt sind sie deutbar als Nährlösung hanseatischen Unternehmergeistes vergangener Zeiten in bremisch gesteigerter Form (nämlich in der Nacheiferung des niederländisch-calvinistischen Kaufherrn-Ideals) und damit als Vers einer Predigt bescheiden-enthaltsamen Lebens, in dem Unanständigkeit nur dann eine Rolle spielen darf, wenn sie auf die Höhe von Kapitalgewinnen oder Zinsen bezogen ist. Naja, o.k., vielleicht etwas zu weit gegriffen, aber *schadjanix*, denn auch wer

E

Bremen, Altbremerhaus.   110 Verlag von Zeller B. Vogel, Kunstanstalt, Ha

**Das Essighaus in der Langenstraße
– bis 1944 ein »Muss« in jeder
Stadtführung. Heute sind nur die
→ Utluchten erhalten**

im Spruch einfach nur ein zeitlos
gültiges Erfolgsrezept erkennen
mag, dürfte dennoch zögern, ihn
z.B. als Slogan zur Werbung nach
Bremen ansiedlungsinteressierter
Unternehmen vorzuschlagen – da
Erfolg doch immer dann was At-
traktives ist, wenn er da ist, und
nicht, wenn er erst noch hart und
sparsam erarbeitet werden muss!

Essighaus

Das Essighaus war bis zu seiner
Zerstörung im Zweiten Weltkrieg
der Stolz der Bremer Fremdenfüh-
rer, wenn sie mit auswärtigen Be-
suchergruppen vom Marktplatz
kommend durch die Langenstraße gingen. Gleich doppelt passend klingt der Name, denn einst
gehörte es der Familie von Esich,
und später war im Essighaus tatsächlich eine Essigfabrikation beheimatet. Die Fassade zeigte die
schiere Pracht von in → Bremer
Stein gehauener Weserrenaissance und aufwendig gestalteten → Utluchten. 1897 erwarb die
Weinhandlung Reidemeister und
Ullrichs das Gebäude und betrieb
darin eine Weingaststätte. Nach
der weitgehenden Zerstörung im
Zweiten Weltkrieg konnten Teile der Essighausfassade in den
Neubau an gleicher Stelle integ-
riert werden. Aus den Trümmern
hatten Mitarbeiter der Weinfirma
auch Stücke der Innenausstat-
tung gerettet, die im Neubau des
Betriebshofes auf der Muggen-
burg beim Europahafen verbaut
wurden.

Eule, Lila

ist zusammen mit dem Hemelinger »Aladin«, dem »Römer« im
Ostertorviertel und dem »Stubu«
an der »Meile« (→ Küste) eine der
traditionsreichen Bremer Diskotheken. Mit einem halben Jahrhundert auf der Tanzfläche ist sie
die am längsten bestehende. Im
Keller eines Trümmergrundstücks

in der Langenstraße eröffneten ein paar junge Leute Ende Dezember 1957 einen Jazz-Club, der 1965 in die Bernhardstraße mitten ins → Vöddel zog und dort neben Live- und Diskomusik eine Zeit lang auch viele politische Veranstaltungen erlebte, inklusive eines Auftritts von Rudi Dutschke. Die Lila Eule besteht bis heute, längst vergessen ist dagegen die Gelbe → Meise.

... for jazzin' babies only (!)

Eulenspiegel

Alle denken nur an das schöne kleine Städtchen Mölln, aber drei der Geschichten des verrückten Tills spielen in Bremen. Einmal soll er auf dem Marktplatz Steine gesät haben, um aus ihnen Narren heranwachsen zu lassen, dann weigerte sich jemand, einen Braten zu essen, da er mit zerlassener Butter übergossen war, die sich zuvor – was für eine Geschichte! – in Eulenspiegels Hinterteil befunden habe, und schließlich ging es noch um Frauen, die über Unsinn in großen Streit gerieten. Narren, Penner und Punker beiderlei Geschlechts gab es also schon immer unter den altehrwürdigen Rathausarkaden.

Europahafen → Freihafen
→ Überseestadt

Ex-Butener → Zugereiste

Fahrradstadt

Bremen ist eine fahrradfreundliche Stadt. Zusammen mit Münster und einigen wenigen anderen Großstädten soll es sich hier deutschlandweit sogar am komfortabelsten radeln lassen. 1979 wurde in Bremen der ADFC gegründet. Schon nach zwei Wochen gab es 179 Mitglieder, heute sind es mehr als 110.000. Prominentester Bremer Radler ist auf jeden Fall Bürgermeister Henning Scherf, der in der Stadt und draußen auf den Deichen auf dem Fahrrad zu sehen ist. Zum Schluss wieder Münster: In den 1980er Jahren ließ die Polizei nach langen Ermittlungen endlich eine gut organisierte Diebesbande auffliegen, die in beiden Städten wechselseitig unzählige geklaute Drahtesel verhökert hatte.

F

Fallturm

Bremer Kinder sehen in ihm aus der Entfernung nur einen »großen Bleistift«, Auswärtige vermuten, es müsse sich um das Minarett von Deutschlands größter Moschee handeln. Doch tatsächlich ragt hier mit 146 Metern das Symbol für Bremens Leistungsfähigkeit als Standort von Wissenschaft und Innovation in den Himmel. Selbst die NASA kam schon nach Bremen, um in Horn-Lehe die Möglichkeit der 9,5 Sekunden dauernden Schwerelosigkeit für Versuche zu nutzen. So lange dauert es nämlich, bis ein »Minilabor« in die Höhe katapultiert wird, um dann wieder frei nach unten zu fallen: einzigartig in Europa.

Der von Bernhard Hoetger entworfene Sieben Faulen-Brunnen im Handwerkerhof der Böttcherstraße

Faulen, Die sieben

Bremer Sage, die Rationalisierung schon zur ökonomischen Primärtugend erklärte, als noch niemand ahnte, dass es das Studienfach Wirtschaftswissenschaften jemals geben würde. Sie handelt von sieben jungen Brüdern, die zu faul waren, bei Hochwasser die Gärten ihrer Häuser leer zu pumpen – also bauten sie einen Damm und legten Gräben an; sie hatten keine Lust, Wasser aus der Weser zu holen – also bohrten sie Brunnen; sie waren zu bequem, um an heißen Sommertagen in die Wälder zu wandern – also pflanzten sie Bäume im Garten, um nah am Haus im Schatten zu sitzen usw. Drei Bremer Kunstwerke erinnern an diese von Friedrich Wagenfeld vor über 150 Jahren aufgeschriebene Geschichte. Das größte steht am (Ex-)Siemenshochhaus nahe dem Rudolf-Hilferding-Platz, gleich zwei finden sich in der Böttcherstraße. Zufall? Nein, denn es soll die Lieblingsgeschichte ihres Erbauers Ludwig Roselius gewesen sein. Schon für seine Kaffee-Hag-Produktion im Holz- und Fabrikenhafen hatte er 1906 die damals neuen amerikanischen Rationalisierungstheorien zur Anwendung gebracht. Ein Jahrhundert später kamen auch die Verantwortlichen von Radio Bremen auf die Idee, effektiver zu arbeiten, und legten ihre bis dato stadträumlich arg getrennten Radio- und Fernsehbereiche zusammen – und zwar im Faulenquartier an der Weser, wo sich einst die sieben Faulen ihre Häuser bauten.

Fedelhören

Typisch bremisch: Klein, fein – und auf den ersten Blick unscheinbar. An dem Teil der Straße zwischen Staatsarchiv und Rembertiring sind zu den seit Jahrzehnten ansässigen Antik- und Kunsthandlungen, Antiquariaten und Juwelieren diverse edle Geschäfte hinzugekommen. Auf der anderen Seite des Rings zeigt der Fedelhören seine Qualität als Wohnstraße mit schönen → Bremer Häusern. »Fedel« geht vermutlich auf einen Gewässernamen zurück, »-hören« kommt wie Horn oder Hörn aus dem Niederländischen und steht für Ecke/Spitze.

Fegebüdel

steht volkstümlich für Vegesack. Dessen »-sack« muss dabei dem norddeutschen Synonym → Büdel Platz machen und sich häufig auch noch in den Namen des Nachbarstadtteils Blumenthal einpflanzen lassen – nämlich, wenn von beiden als »Blumensack und Fegebüdel« die Rede ist. Vegesack wurde übrigens 1619–23 von Bremen als erster künstlicher Hafen Deutschlands angelegt. Vor der Eingemeindung 1939 war Vegesack selbstständige Stadt im Land Bremen und bis 1996 als Standort der Großwerft »Bremer Vulkan« und der Flotte der Heringslogger auch von hoher industrieller Bedeutung. Heute bildet der sehenswerte Stadtteil das maritime Zentrum von Bremen-Nord.

fegen → Domtreppen fegen

Feierabendhochhaus → Aalto-Hochhaus

fein extrafein

Wenn von fein extrafeinen Zigarren, Weinen oder sonstigen Dingen die Rede ist, sollte man zugreifen, denn so wird fein bremisch die höchste Qualitätsstufe bezeichnet. Worum es auch geht, gemeint ist immer »das Beste vom Besten«.

Feudel

Wischlappen oder Aufnehmer sagt niemand, sondern einfach »Feudel«.

F

fieseln

Wenn es draußen »fieselt«, dann ist man ohne wetterfeste Kleidung verloren. Denn das fiese auch an schwachem Fieselregen ist: *Igitt, der geht dir durch und durch.*

Findorff → Schinner-Vorstadt

finn'n, an

Da kann ich nix an finn'n bedeutet hochdeutsch: Daran kann ich keinen Gefallen finden.

Fisch-Lucie

hieß eigentlich Johanna Lucie Henriette Flechtmann, lebte von 1850 bis 1921 und verkörperte das Ideal einer ebenso wortgewandten wie derben Bremer Marktfrau. Ihr Fischstand lag vor der Börse auf dem Marktplatz und war stadtbekannt. Ernst Dünnbier hat in einem seiner Bücher mehr als drei Dutzend Anekdoten von ihr überliefert, darunter auch Lucies klärende Worte an eine vornehm gekleidete Dame, die sich nach der Frische der ausgelegten Ware erkundigt hatte: »Ji optakelt Fregatt! Wenn een sülms nah Oltjekolontje (= Eau de Cologne) stinken deiht, denn kann een gor nich rüken, wie frisch mien Fisch is. Fisch mutt nah Fisch rüken un nich nah Stinke!« Fisch-Lucie wohnte in der Neustadt und fuhr frühmorgens im eigenen Boot den einlaufenden Fischern entgegen. Neben ihrem Geschäft blieb ihr dann noch die Beschäftigung, ihre aus zwei Ehen stammenden 16 Kinder großzuziehen.

(Weitere Vokabeln: Ji = Sie; optakelt = aufgetakelt; sülms = selbst; nah = nach; → Stinke)

Fisch-Town

wird die Seestadt Bremerhaven mitunter genannt. Hintergrund ist, dass Fischfang und -verarbeitung traditionell einen bedeutenden Wirtschaftszweig an der Wesermündung bildeten. Weil große Bremer Schiffe durch die immer mehr versandende Weser nicht mehr bis zur Stadt fahren konnten, ging Bremen 1827 daran, die 200 Jahre zuvor mit Vegesack erfolgreich praktizierte Idee zu wiederholen: Wenn das schiffbare Wasser sich von Bremen entfernt, gehen wir eben hinterher – und bauen einen Hafen an der Wesermündung. Der Erfolg rechtfertigte den finanziellen Kraftakt für Landerwerb und Hafenbau. Wer in Bremen oder Bremerhaven lebt, wird früher oder später Menschen kennenlernen, die nicht nur positiv über die jeweils andere Stadt sprechen. Bei der Beurteilung dieser Frage ist jedoch zu bedenken, dass es generell und auch außer-

1947 bekam die Seestadt ihr heutiges Wappen. Die Gestaltung erinnert daran, dass auf ihrem heutigen Gebiet einst drei Städte bestanden: Das linke Segel zeigt das Leher Wappen, das mittlere das Geestemünder und das rechte das alte Bremerhavener. Die preußischen Städte Lehe und Geestemünde waren bereits 1924 zu »Wesermünde« vereinigt worden. 15 Jahre später kam auch Bremerhaven dazu, bevor 1947 das Dreistädtegebilde den Namen Bremerhaven erhielt und dem Land Bremen zugeordnet wurde

halb der norddeutschen Tiefebene zwischen benachbarten Städten Rivalitäten gibt. Und wie dem nächstgrößeren Nachbarn mit Trotz oder/und Ignoranz begegnet wird, so wird der nächstkleinere mit Geringschätzung bedacht. Doch angesichts der rasanten jüngeren Entwicklung an der Bremerhavener Wasserkante – vom »Schaufenster Fischereihafen« (→ Granat puln) über die ständig weiter wachsenden »Havenwelten« mit dem Deutschen Auswandererhaus, dem Klimahaus und »Klein-Dubai hinterm Deich« usw. bis zum Containerterminal IV –

sollte jedes Naserümpfen 60 Kilometer weseraufwärts zunehmend schwerer fallen. Und ob andersherum nun die Seestädter, wenn sie nicht mit dem Bremer Schlüssel, sondern unter dem niedersächsischen Pferd zu leben hätten, ihre Interessen stets reibungslos in Hannover durchsetzen könnten, ist wohl auch nicht garantiert.

fix

kommt aus dem Lateinischen und bedeutet eigentlich »fest« oder »sicher stehend«, aber eben auch »schnell und gewandt«. Wie das plattdeutsche Wort »bannig« und das hochdeutsche Wort »sehr« kann es generell zur Verstärkung eingesetzt werden. So könnte auch, wer sehr verärgert ist, in Bremen einfach nur *fix vergrellt* sein. Als Adjektiv kann fix die Bedeutung von fein/prima oder von schlau/rege annehmen: *Sengstakes ihre Tochter, die ist* → *man ne fixe Deern!*

Flagge → Speckflagge

Flätangel

heißt altbremisch ein Lümmel.

Fleutjepiepen

funktioniert wie andernorts die Ausrufe »Pustekuchen!« oder »Denkste!«. Wer *Fleutjepiepen*

F

auf sich bezogen hört, hat gute Aussichten oder sonstigen Vorteil verloren – ganz genau ausgedrückt ist etwas »flöten gegangen«, denn hinter dem Wortlaut dieses Stichworts steckt mit der plattdeutschen *Fleit-* oder *Fleutepiep* einfach nur das hochdeutsche Blasinstrument Flöte.

fliegende Nutten

Sarkastisch und politisch uninteressiert, aber dafür haarsträubend kreativ schlug der Bremer Volksmund zu, als er im Nachhinein diese Bezeichnung für die verheerende Mehlstaubexplosion in der Rolandmühle am 6. Februar 1979 fand. 14 Tote, 17 Verletzte und ein geschätzter Sachschaden von mehr als 50 Mio. D-Mark waren das Ergebnis der tragischen Katastrophe, die unweit der Cuxhavener Straße und damit in der Gegend von »Holzhafen-Strich« und → Küste passierte. Tatsächlich aber war keine der dort auf Kundschaft wartenden Frauen zu Schaden gekommen.

Flohreederei

wurde die 1873 begründete »Dampfschifffahrtsgesellschaft Neptun« genannt, weil unter ihrer Flagge nur sehr kleine Schiffe fuhren. Doch einmal baute sie das allergrößte der Bundesrepublik,

die MS »Libelle«. Sie maß zwar auch nur 38,56 Meter Länge und 7,83 Meter Breite (319 BRT), aber als sie 1949 bei der Oldenburger Brand-Werft vom Stapel lief, galten noch die Schiffbaubeschränkungen der Siegermächte. 1973 wurde die Neptun von der Reederei Sloman übernommen, besteht aber im Namen Sloman-Neptun mit Sitz in Bremen noch heute – nur die Flohreederei kennt keiner mehr.

Franzosenzeit

Per 1.1.1811 verleibte Napoleon seinem Frankreich weite Teile Nordwestdeutschlands ein, darunter auch das bereits jahrelang besetzt gehaltene Bremen. »Brême« erhielt samt dem Titel »bonne ville« ein französisches Wappen verordnet, und statt des → Rates hatte nun ein »Maire« das Sagen. Der damals mit über 400 Jahren schon als beachtliche Antiquität geltende → Roland sollte nach Paris transportiert werden, was aber nicht geschah, da die Bremer versicherten, der Recke sei als Stadtpatron nur von lokalem Interesse und als Kunstwerk praktisch wertfrei. Auch aus Umgestaltungsplänen des Marktplatzes wurde nichts, genauso wenig wie aus Napoleons längerfristiger Beherrschung

Bremens Wappen der Franzosenzeit

Europas. Schließlich bröckelte die französische Macht auch in Bremen, und im Oktober 1813 ging die Franzosenzeit zu Ende. Noch jahrzehntelang wurde deshalb Anfang November → Rolands Geburtstag gefeiert.

Freie Hansestadt Bremen

lautet der offizielle Titel des bremischen Staates. Warum der nicht wie Hamburg ein »und« darin führt? Als Napoleon dem alten deutschen Kaiserreich 1806 endgültig den Rest gegeben hatte, nannte sich Bremen nicht länger »Kaiserlich freie Reichsstadt«, sondern schlicht »Freie Hansestadt«, bis auch damit in der → Franzosenzeit im Prinzip Schluss war. Da gab es zwar mal ein (französisches) »und« im Titel (la Ville Libre et Hanséatique de Brême), aber kein bisschen Freiheit. Nach dem Abzug der Franzosen führte die Stadt wieder den vorherigen Titel. Das ebenfalls befreite Hamburg sah keinen Sinn im erneuten Bezug auf die längst tote → Hanse und nannte sich schlicht »Freie Stadt«. Um sich nach 1815 im Bund der deutschen Staaten so gut wie möglich zu verkaufen, arbeiteten die drei kleinen Mächte Lübeck, Bremen und Hamburg häufig im engen Schulterschluss und unter der Führung des Bremers Johann Smidt zusammen. Gemeinsam hatten sie mehr Gewicht und dadurch bessere Chancen, ihre Interessen gegen die großen Flächenstaaten zu verteidigen. Damit dies Gewicht auch einen Namen hatte, den sich jeder merken kann, redete Smidt gern von den → Hanseaten und trieb damit Politmarketing, wie man es heute auf der Bremer → Marmoretage vielleicht nicht besser könnte. Schon 1801 hatte er sein »Hanseatisches Magazin« herausgegeben. Als Hamburg sah, wie vorteilhaft das alles war, baute es sich 1819 die Hanse wieder in den Staatstitel ein – vorsichtshalber aber nicht so fest wie die Bremer, sondern etwas loser (wie die Lübecker) mit dem besagten »und« (damit man auch ohne Hanse noch frei dasteht). Lübeck verlor seine Eigenstaatlichkeit in der NS-Zeit und nennt sich heute »Freie Hansestadt«.

Das letzte Wort in dieser Sache soll ein Mann erhalten, der als Präsident des Senats Stadt und

Land Bremen jahrzehntelang treue Dienste leistete, ohne dabei auf seine eigene Variante des Staatstitels zu verzichten: Gemeint ist Hans Koschnick und dessen beeindruckendes *Freinschatbrehm*.

Freihafen

1888 fand in Bremen die Eröffnung des »Freihafens« statt. In seinem Bereich durften Waren und Güter weiterhin zollfrei umgeschlagen und gelagert werden, als der Rest Bremens im selben Jahr Teil des Zollgebiets des Deutschen Reichs geworden war. 1938 wurde er in »Europahafen« umbenannt und das 1906 als »Hafen II« ebenfalls im Zollfreibezirk angelegte Becken in »Überseehafen«. Seit 2000 hat das Land Bremen nur noch in Bremerhaven einen »Freihafen«.

Freiheit → Vryheit

Freimarkt

Hurra, ruft ganz Bremen, bei uns gibt es eine fünfte Jahreszeit! Traditionell klingt das so: *Ischa Freimaakt*. Bitte hinten betonen, das »t« gehört dazu, spielt aber keine Rolle. Seit fast 1000 Jahren wird in Bremen im Oktober/November Jahrmarkt abgehalten, das Recht dazu erwirkte 1035 Bischof Bezelin von Kaiser Konrad II. Die längste Zeit war der Freimarkt (Name seit 1339 so belegt) als allgemeine Verkaufsmesse für Waren aller Art in der Innenstadt zu Hause, also im Bereich Liebfrauenkirchhof, Markt und Domshof.

Von 1913 bis 1933 wurde er in der → Neustadt aufgebaut und findet seit 1934 auf der → Bürgerweide statt (1914–19 und 1940–44 gab es wegen der Kriege keinen Freimarkt). Schon vorher war die Zahl der Verkaufsstände gegenüber der von Vergnügungsgeschäften zurückgegangen, und im Laufe der letzten Jahrzehnte hat sich der Freimarkt zu einem reinen Volksfest mit unzähligen Buden und Fahrgeschäften gewandelt. Seit 1962 ist ein kleiner Teil des Freimarkts wieder in die Innenstadt gezogen, und seit 1968 gibt es am zweiten Freimarkts-Sonnabend einen Umzug mit mehr als 100 Wagen und Spielmannszügen von der Neustadt bis zum Bahnhof. Die Aktion wächst jährlich und wird im Regionalprogramm der ARD übertragen. Nach 17 Tagen endet der Bremer Freimarkt nicht einfach, sondern er wird »zu Grabe getragen«.

Freimarkt im Januar

sei das Sechstagerennen, kopfschüttelten manche Bremer, als die Veranstaltung in der Stadthalle Ende der 1960er von Jahr zu Jahr ein größeres Beiprogramm

In der »fünften Jahreszeit« zieht der Bremer Freimarkt die Aufmerksamkeit der ganzen Stadt auf sich

erhielt. Mit immer mehr Ständen und Bühnen sollten immer mehr Besucher angezogen werden. Aber es gelang, und die Betreiber und die Stadt freuten sich gleichermaßen, als die Gäste selbst von weit außerhalb zum Bahnfahrzauber in Richtung Bremer Bürgerweide strömten. Heute locken die »Bremer Sixdays« regelmäßig rund 100.000 Zuschauer in die Hallen zu Shows, Livebands, Disko, Bier, Sekt, Essbuden und – äh – genau, zu den Radfahrern, die sich gegenseitig durch das 166,6 Meter lange Holzoval jagen.

Freimarktssenator

wird in Bremen der Innensenator genannt, denn der ist alljährlich für die Eröffnung des → Frei-markts zuständig. Nach launigen Reden steigt im Bayern-Zelt die Spannung, ob sich das Senatsmitglied beim Anstich des ersten Fasses Bier blamiert oder nicht. Offiziell eröffnet ist der Freimarkt nach dem dreimaligen Ruf »Ischa Freimaakt!«. Nur 2001 wurde der Ablauf von einem Skandal überschattet, als nämlich Freimarktssenator Kuno Böse, nicht aus Bremen stammend, dem Eröffnungsruf ein »Helau« folgen ließ. Die Namen der Freimarktssenatoren seit 1946 lauten Adolf Ehlers (SPD), Hans Koschnick (SPD), Franz Löbert (SPD), Helmut Fröhlich (SPD), Volker Kröning (SPD), Bernd Meyer (SPD), Claus Grobecker (SPD), Peter Sakuth (SPD), Friedrich van Nispen (FDP), Ralf

G

Bortscheller (CDU), Bernt Schulte (CDU), Kuno »Helau« Böse (CDU), Hartmut Perschau (CDU), Thomas Röwekamp (CDU), Willi Lemke (SPD) und Ulrich Mäurer (SPD).

Freinschatbrehm → Freie
Hansestadt Bremen

Friedrich »MS Friedrich«
→ Schlachte

Frühstück, Bremer

Dies Frühstück ist gar keins, sondern eigentlich ein feines Mittagsmahl. Und das hat alle so verwirrt, dass man im Rathaus vor Jahren beschloss, diese alte Tradition an den Nagel zu hängen. Das Bremer Frühstück wurde im Übrigen auch nicht Bremern serviert, obwohl dabei stets welche mit am Tisch saßen. Des Rätsels Lösung: Es bezeichnete ein Essen, das der → Rat und später der Senat prominenten auswärtigen Gästen als besondere Ehre im Rathaus servierte. Ähnlich wie beim noch heute im Hamburger Rathaus gängigen »Senatsfrühstück« dürfte die Herkunft der Bezeichnung in der → Franzosenzeit liegen. Für Gäste servierten die Franzosen mittags nur ein kleines Mahl (= déjeuner), ein »petit déjeuner«, und das heißt in der deutschen Übersetzung eben »Frühstück«. Und

wenn heute vor der Senatssitzung tatsächlich im Rathaus im Sinne eines Morgenmahls gefrühstückt wird, dann tagt der → Schwartauer Kreis.

fümmf
fünf

Fuuljan, Fuulpup

zeichnen sich beide durch die Eigenschaft aus, Arbeit aus dem Wege zu gehen und damit Drückeberger zu sein. Fuuljans sind zum Einsatz in einem → Gang nur schlecht zu gebrauchen.

Gang (Hafen, Verkehrsflächen, Beeilung)

Das englische Wort »gang« meint in der Sprache des Hafens eine kleine Gruppe zusammenarbeitender Männer. Vor Einführung des Containerumschlags versammelten sich die Hafenarbeiter zu festen Zeiten vor Schichtbeginn in der Halle des Hafenbetriebsvereins. Dort wurden sie zu »Gängen« zusammengestellt und im Laderaum (Bordgang), auf der Kaje oder im Schuppen (Landgang) zum Be- und Entladen der Schiffe eingesetzt. Der befreundete Nebenmann im Gang war der »Makker«, das Sagen hatte der »Vize« genannte Vorarbeiter. Kamen mehr Frachter als gewöhnlich die Weser hoch,

G

Schichtbeginn – der Bordgang auf dem Weg aufs Schiff, Ende der 1950er Jahre

ja wohl von »Gangstern« gesprochen. Daraufhin erklärte Scherf, er stamme ja aus Bremen, und er hätte keine Gangster, sondern schwer arbeitende Männer eines Gangs im Hafen gemeint...

Ganz lütsches büschen noch – büdde, büdde!

So jammern Bremer Kinder, wenn sie etwas »bitte, bitte!« noch etwas mehr oder länger genießen möchten.

Geelbeente

heißt auf Hochdeutsch »Gelbbeinige« und ist ein uralter Bremer Begriff für Neustädter, die in der Nähe des Buntentors wohnten. Der Letzte, der den Hintergrund dafür kannte, vergaß ihn weiterzuerzählen und verstarb. Und da schon früher nachdenklichen Bremern bewusst war, dass zu keiner Zeit alle *Buntendorschen* »gelbe Beine« gehabt haben werden, reimte man sich im Laufe der Zeit gleich drei mögliche Deutungen zusammen: So könne das Gelb herrühren von 1. dem Lehm der noch nicht gepflasterten Straßen oder 2. von der Hosenfarbe der Standestracht der dort vermehrt lebenden Zimmer- und Maurerleute oder 3. von Tabakschmugglern, die sich die arg färbenden Blätter unter den Hosen um die Beine banden.

erfolgten Hörfunkdurchsagen auf Radio Bremen, dass für die nächste Schicht noch Hafenarbeiter gesucht werden.

Der Gang als Namensteil von ehemaligen oder noch bestehenden Bremer Straßen (Kuhgang, Glockengang) leitet sich vom Wort Gehen ab, ebenso wie die selten freundliche Aufforderung: *Komma endlich inne Gang!* (oder *inne Gänge*)

Amüsant ist, was Henning Scherf versuchte, als ihm einmal rausgerutscht war, dass das Agieren von Müller, Meier und Schulze aus dem gegnerischen bundespolitischen Lager (Namen geändert) ihn an das Gebaren in einer Gang erinnere. Keineswegs unseriös schrieb der »Spiegel«, Scherf habe dann

G

ja wohl von »Gangstern« gesprochen. Daraufhin erklärte Scherf, er stamme ja aus Bremen, und er hätte keine Gangster, sondern schwer arbeitende Männer eines Gangs im Hafen gemeint...

Ganz lütsches büschen noch – büdde, büdde!

So jammern Bremer Kinder, wenn sie etwas »bitte, bitte!« noch etwas mehr oder länger genießen möchten.

Geelbeente

heißt auf Hochdeutsch »Gelbbeinige« und ist ein uralter Bremer Begriff für Neustädter, die in der Nähe des Buntentors wohnten. Der Letzte, der den Hintergrund dafür kannte, vergaß ihn weiterzuerzählen und verstarb. Und da schon früher nachdenklichen Bremern bewusst war, dass zu keiner Zeit alle *Buntendorschen* »gelbe Beine« gehabt haben werden, reimte man sich im Laufe der Zeit gleich drei mögliche Deutungen zusammen: So könne das Gelb herrühren von 1. dem Lehm der noch nicht gepflasterten Straßen oder 2. von der Hosenfarbe der Standestracht der dort vermehrt lebenden Zimmer- und Maurerleute oder 3. von Tabakschmugglern, die sich die arg färbenden Blätter unter den Hosen um die Beine banden.

Schichtbeginn – der Bordgang auf dem Weg aufs Schiff, Ende der 1950er Jahre

erfolgten Hörfunkdurchsagen auf Radio Bremen, dass für die nächste Schicht noch Hafenarbeiter gesucht werden.

Der Gang als Namensteil von ehemaligen oder noch bestehenden Bremer Straßen (Kuhgang, Glockengang) leitet sich vom Wort Gehen ab, ebenso wie die selten freundliche Aufforderung: *Komma endlich inne Gang!* (oder *inne Gänge*)

Amüsant ist, was Henning Scherf versuchte, als ihm einmal rausgerutscht war, dass das Agieren von Müller, Meier und Schulze aus dem gegnerischen bundespolitischen Lager (Namen geändert) ihn an das Gebaren in einer Gang erinnere. Keineswegs unseriös schrieb der »Spiegel«, Scherf habe dann

G

Geest

bezeichnet die aus der → Marsch-landschaft der norddeutschen Tiefebene herausragenden eiszeit-lichen Sandablagerungen. Kultur-geschichtlich ist die Geestland-schaft älter, denn die ersten Bau-ern waren dort vor Überschwem-mungen sicher. Erst mit der voll entwickelten Deichtechnik ließen sich die Vorteile der ertragreiche-ren Marschböden gefahrlos nut-zen. Als »Bremer → Düne« wird der etwa 20 Kilometer lange, von der Verdener Heide parallel zur Weser verlaufende Geestrücken bezeichnet, der die Wümme- von der Weserniederung trennt.

Gehampelbündnis → Piep-matz-Affäre

geradezu

Dreimal bremisch für hochdeutsch »geradeaus«:

1. Wegbeschreibung zu Fuß: *Da-vorne links um, büschen gradezu, dann büss' bald dah!*

2. Wegbeschreibung für Straßen-bahn (umsteigen nicht nötig): *Nach Aasten? Midde 4, dann üm-mer geradezufahn.*

3. Charakterisierung eines auf-rechten Menschen: *Der 's'n Ord-nung, ümmer geradezu.*

Gesche Gottfried → Spuckstein

Gitt

Kurzform von *Igitt* (oder *Igitti-gitt*). Sie geht auf den Ausruf »Oh Gott, oh Gott!« (oder *Gottogott!*) zurück, wenn dieser nicht auf Schreck oder Bestürzung, son-dern auf Abneigung oder gar auf Ekel bezogen geäußert wird. Wun-derschön klingt in diesem Sinne auch ein *Gitt, nee!*, wobei die dem Gitt angehängte Verneinung die Ablehnung weiter verstärken soll.

Glitschen gehen, längs die

tut, wer ausgeht. Ansonsten ist eine Glitsch eine Eisbahn, die sich Kinder an trockenen Frosttagen durch Ausgießen von Wasser auf dem Gehweg herstellen *(und gleich ziemlich Mecker krieg'n)*.

Glocken, die drei

Dass die »Glocke« an der Doms-heide sehr schön klingt, im Gro-ßen wie im Kleinen Saal, ist be-kannter als der Hintergrund ihres hübschen Secondhand-Namens. Das Haus grenzt rückwärtig an den Dom, und als der vor etwa 300 Jah-ren dort einen achteckigen Anbau mit Kegeldach erhielt, hieß dieser im Volksmund bald »die Glocke«. Das kleine zweigeschossige Ge-bäude verschwand 1926 für den Neubau des heutigen Konzert-hauses. Ein Preisgericht machte sich auf die Suche nach einem

Mehr als zwölf Meter lang war die Durchfahrt des alten Ostertors, das bis zu seinem Abbruch 1828 auch »Glocke« genannt wurde. Aquarell aus dem Jahr 1821, Focke-Museum

Die »Gluckhenne« im reichen Figurenschmuck am Bremer Rathaus

passenden Namen und fand einen »frei gewordenen«. Denn wie der historische Bau durch seine Form benannt wurde, so stimmte jetzt die Funktion als Ort der Klänge dazu: »Die Glocke« gewann den ersten Platz.

Und jetzt noch 'ne Bremer »Glocke«: Genau 100 Jahre bevor die heutige an der Domsheide 1928 eingeweiht wurde, war beim Ostertor eine andere »Glocke« abgerissen worden, nämlich der große viereckige Turm der alten Stadtmauer, der seinen Namen der dort 1726 aufgehängten Glocke aus der Wilhadikapelle verdankte.

Gluckhenne

Bremen hat das Glück, auf eine echte Gründungssage verweisen zu können. Eine Geschichte, die schön rührig klingt und zu der es im Stadtbild auch was zu entdecken gibt, nämlich Abbilder der Hauptfigur, einer Henne, besser bekannt als »Bremer Gluckhenne«. Also: Arme Flüchtlinge kommen in ihren Bötchen die Weser hoch. Es herrscht mieses Wetter, bald geht der Tag zu Ende, kein Nachtlager in Sicht. Aus Angst vor wilden Tieren traut man sich aber nicht an Land. Doch sieh da, der Himmel reißt noch einmal auf, ein Lichtstrahl fällt ans Ufer und genau auf eine Gluckhenne samt Nachwuchs. Wenn die hier sicher sind, denken die sich gleich in

G

die ersten Bremerinnen und Bremer verwandelnden Heimatlosen, dann gehen wir hier an Land und bauen uns an diesem »Hort der Freiheit« ein neues Zuhause. Tja, so war das damals, und wer es nicht glaubt, der soll mal an der Rathausfassade nachsehen, rechts im zweiten Bogen von links wurde der Henne und ihren Küken aus Dankbarkeit ein Denkmal gesetzt. Kritiker könnten allerdings anmerken, dass zu der Geschichte gar nicht passen will, dass die Bremer Küche ausgerechnet auch für ihr → Kükenragout bekannt wurde. Und dann ist da auch noch die Kunstgeschichte, die sagt, das Tier am Rathaus sei eine verbreitete Allegorie auf die »Obhut« und gehöre zum Hahn ihr links gegenüber, dem Zeichen für die »Wachsamkeit«. Doch solche Reden schaden den weiteren Darstellungen der Gluckhenne nicht: Am Kontorhaus an der → Stintbrücke neben dem → Schütting ist ein Exemplar mit Bremer Wappen zu sehen und in der Böttcherstraße eine besonders schöne Vertreterin in Bronze. Sehr gekonnt aufgeschrieben hat die alte Sage 1844/45 übrigens der witzig-kreative Schreiberling Friedrich Wagenfeld, der damit die Henne in den Reliefs über den Pfeilern der Rathausarkaden in Bremen berühmt machte. Und noch was: Haben Sie schon mal

das Wort »Reliefpfeiler« rückwärts gelesen? *So, und jetzt kann's ruhig mal → Dschungedi! rufen.*

Goethe-Meyer → Ökelname
→ Ratskeller

Goldwagen

Tut das denn nötich, werden alte Vegesacker fragen, *dass der nu' auch hier vorkommen muss?* Der »Goldwagen« ist zwar eine etwas unappetitliche Geschichte, aber aus → Fegebüdel noch Mitte der 1950er Jahre nicht wegzudenken. Denn damals war die Abwasserentsorgung Bremen-Nords kaum entwickelt, und zweimal in der Woche fuhr in Alt-Vegesack der kleine Tankwagen bei mehr als 150 Haushalten vor, damit dort der Inhalt des Abortkübels aus den »Eimerprüvees« abgefahren werden konnte. *Na, geht's noch? Dann man Nase zuhalten und weiterles'n bei → Schieten-Alfes!*

Goliath → Borgward

Graf Molke

ist kein berühmter Milchbauer, der einst in der Gemarkung des kleinen Dorfes Schwachhausen seine Kühe weiden ließ. Aber wer gebürtige Bremer die zwischen Bismarck- und Schwachhauser Heerstraße gelegene Graf-Moltke-Straße aus-

»Guck, da reitet einer.« Über Aussehen und Platzierung des 1909 enthüllten Moltke-Denkmals an der Liebfrauen-kirche gab es zu Anfang des 20. Jahr-hunderts viel Diskussion

»Dicht beier Emmastraße reitet Emma anno 1977 mit ihr'n fiesen Schwager durche Anlage.« Hübsch bemalt und auch als Spielgerät konzipiert, musste nach Verlust der beiden Köpfe durch Vandalenbehandlung die Skulptur aus Betonwerkstein entfernt werden. Seit 1988 steht an der Stelle eine etwas veränderte Neufassung in Bronze

sprechen hört, könnte diese As-soziation haben. Namengeber war der preußische Generalstabschef Helmuth Karl Bernhard v. Moltke (1800–91). Ein 1902 verstorbener Bremer Kaufmann verehrte ihn üb-rigens so sehr, dass er testamenta-risch den Bau eines Moltke-Denk-mals finanzierte. Nicht allen gefiel der schließlich an der Westfassade der schönen alten Liebfrauenkir-che gefundene Platz: *Tat doch nich Not, na dscha, lass ihn da sitzen auf sein Gaul – hart am Dom reitet ja auch einer, und das iss nömmich Bismarck, und mit dem zusammen ischa Graf Molke 1871 Ehrenbürger von Brehm geworden.*

Gräfin Emma

Emma von Lesum starb 1038 und wurde einige Jahrzehnte nach ih-rem Tod von Adam von Bremen (→ Rom des Nordens) als mildtä-tige Frau beschrieben, die der Kir-che viele Wohltaten erwiesen hat. Aus seinen wenigen weiteren An-gaben zu ihrem Leben entspann sich im Laufe der Jahrhunderte die immer weiter ausgeschmück-te Sage von der Gräfin Emma, die den Bremer Bürgern auf deren Bit-ten eines Tages dringend benötig-tes Weideland schenken wollte. Sie ritt mit ihrem Schwager vor die Tore Bremens, wo von ihrem Land so viel für die Bürger abge-schnitten werden sollte, wie ein

Ohne sie ging gar nichts: Daumen hoch für die Männer am → Goldwagen! Auch zu Anfang der 1950er Jahre hatten viele Alt-Vegesacker noch keinen Kanalanschluss und waren auf »Kübelabfuhr« angewiesen

G

Mann an einem Tag umschreiten könne. Doch durch einen Trick erreichte der missgünstige und um sein Erbe fürchtende Schwager, dass sich statt eines Gesunden ein erbärmlicher → Krüppel auf den Weg machen sollte. Emma stieg vom Pferd, segnete den Mann, und es geschah das Wunder, dass der eigentlich nur zum Kriechen Fähige sich doch flotter in Bewegung setzte. Die Bürger feuerten ihn an und versorgten ihn auf seinem Weg mit Essen und Trinken. Abends hatte er tatsächlich ein ziemlich großes Stück umrundet, das die Bremer fortan als ihre »Bürgerweide« nutzten. Aus Dank erhielt der Krüppel sein Denkmal zu Füßen des → Rolands. Das größte Stück der alten Bürgerweide ist heute durch zwischenzeitliche Bewaldung im hinteren Namensteil zum Park befördert (→ Bürgerpark).

Granat puln

tut, wer gekochte Nordseegarnelen pult (pulen = plattdeutsch pahlen = hochdt. pulen, hier: entschalen). Besonders kostengünstig, frisch und örtlich passend pult es sich übrigens bei schönem Wetter in Sichtweite der vielen Fischgeschäfte und Fischereifahrzeuge des »Schaufensters Fischereihafen« auf dem dortigen »Markt-

platz« in der Seestadt Bremerhaven. Moderne Weltwirtschaft: Wer nicht selber pult, bekommt den kleinen Zehnfußkrebs (Crangon crangon) erst nach dessen langer Reise auf die Gabel. Weil Arbeit in Marokko und in Polen günstiger ist, werden die Krabben dort entschalt, wo man Granat allenfalls als Mineral und an Damenhälsen, aber keinesfalls in seinem Rührei oder sonst wie auf dem Teller erwarten würde. Historische Kleinwirtschaft: Ein Geschäft, das heute wohl nicht mehr lohnen würde, haben ältere Bremer noch vor Augen und im Ohr. Um 1950 zog ein Händler mit Handwagen durch die Innenstadt, rief laut »Granat! Granat-nat-nat! Granat!« und bewarb so seine Krabben auf Rädern.

Graustein → Bremer Stein

Grohner Düne

wird die 1972/73 fertig gewordene Hochhaussiedlung nahe dem Vegesacker Bahnhof genannt. Mehr als 570 Wohnungen verteilen sich auf die bis zu 15 Etagen hoch aufragenden Gebäude. Das Projekt war zunächst mit 730 Wohnungen erheblich größer geplant worden, aber auch die realisierten Teile sind schon beeindruckend genug. Den Gipfel des schmucklosen Hausgiganten

Alles ist relativ, und etwas Klotziges (wie z.B. die »Grohner Düne« in Vegesack) sieht gleich deutlich weniger klotzig aus, sobald ein noch größerer Klotz (wie z.B. 1975 die »World Giant«) in die Nähe kommt

und riesigen Schattenwerfers bildet das Heizkraftwerk an der Stelle, wo auch die natürliche, dort liegende Düne am höchsten ist.

Gröpeln
Gröpelingen

Großer Kurfürst
heißt eine 1972 fertiggestellte Bremer Wohnanlage mit 225 Eigentumswohnungen. Sie entstand am nordwestlichen Ende der Vahr

und begrenzt zugleich das »Kurfürstenviertel« zur parallel verlaufenden Namensgeberin, der Kurfürstenallee. Idee der Planer war es, mit Atriumgrundrissen, in Reihe liegenden Wohnungen und »Winkelhäusern« Merkmale von Eigenheimsiedlungen variantenreich in den Geschosswohnungsbau aufzunehmen. Dazu gehörten auch Gemeinschaftseinrichtungen wie ein Schwimmbad, Gästezimmer und Partyräume. Besonders

H

aus der Ferne macht die teils mehr als 30 Meter hoch aufragende schwarze Wand ziemlichen Eindruck – sie verschafft sich schweigend Respekt und beherrscht das Quartier. Man möchte glauben, der Name war schon vorher da, und die Architekten haben einen passenden Bau dafür entworfen.

Großkaufmann

ist wie der Titel → Altbürgermeister als Begriff eher → unbremisch. Selbstständige Kaufleute haben ein »Geschäft« oder eine »Firma«. Sie hieß zu früheren Zeiten »Handlung«, und Krämer oder »Detailisten« hatten ihren »Laden«, der wiederum ihr »Geschäft« war. Ist dennoch der Begriff Großkaufmann zu hören, dann benutzen ihn in der Regel → Butener. Sie meinen dann einen Kaufmann, dessen Geschäfte so besonders weit ausgreifen oder gut gehen, dass der Erfolg einfach nicht mehr zu übersehen ist. Namen solcher Kaufleute finden sich dann irgendwann – und das wiederum ist sehr bremisch – im Verzeichnis der → Stiftungen beim Innensenator, in den Spenderlisten der Kunsthalle, des Focke-Museums oder sogar im Namen einer Brücke oder sonstiger Architektur im → Bürgerpark.

Grünkohl → Brauner Kohl

Günnasium

ist gelegentlich sogar aus den Mündern ehemaliger Absolventen dieser Schulform zu hören. Sie ist an der Weser politisch schwer umkämpft. Streiks, Schüler-Eltern-Lehrerdemos und tagelange Besetzungen sind fester Bestandteil der jüngeren Geschichte der acht noch bestehenden staatlichen Bremer Gymnasien: Alexander-von-Humboldt, → AG, Hamburger Straße, Horn, Obervieland, Vegesack, Hermann-Böse und Kippenberg. Übrigens stießen, einem uralten Bremer → Döntje nach, einst zwei Polizisten in der Dechanatsstraße hinter der Post auf einen schlafenden Mann mitten im Eingang zum Hof des dortigen Gymnasiums. Der Mann erwies sich als volltrunken und unweckbar, der Fall musste schriftlich aufgenommen werden. So kam es erst zur Frage, wie der Fundort des Mannes wohl zu buchstabieren sei, und dann zum Beschluss: »Komm, wir legen den vor die Post.«

haben/sich haben

Was man hat, das hat man, z.B. die schlechte Eigenschaft, *An-stalten* zu machen. Wer sich so benimmt, bekommt zu hören: *Hab' dich nich so!* oder eben: *Muss' dich nich ümmer so hab'n!*

Hachott

»Ach Gott«, als Ausruf wie etwa:
»Na, so was!« Schön klingt auch
Chottochott, das Ada Halenza, die
Schriftstellerin des Bremer → Mis-
singsch, ihre Madda und Kede alle
Nasen lang als bremisch für »Oh
Gott, oh Gott!« ausrufen ließ.

hachpachen → pustig

Hackepeter

bezeichnet in Bremen und → umzu frisch durchgedrehtes und
schmackhaft mit Salz und Pfeffer
gewürztes Schinkenfleisch, andernorts »Mett« genannt. Zwar
kein bisschen bremisch, aber
trotzdem hier bemerkenswert ist
die umgangssprachliche Wendung für Hackepeter als »Schwei-
nemarmelade«. Noch ein paar
Zwiebeln gefällig?

Hag

»Waren, die Werbung brauchen,
taugen ja wohl nicht viel…«,
glaubten zu Beginn des 20. Jahrhunderts auch viele Bremer Kaufleute noch. Weil Ludwig Roselius
anders dachte und seiner Zeit
damit weit voraus war, kann man
noch heute und selbst im Ausland
die Bestellung hören: »Eine Tasse
Hag, bitte.« Lange vor Marktein-
führung seines entkoffeinierten
Bohnenkaffees 1906 lief bereits

Nicht reizend reizend: Der Rettungs-
ring auf der Kaffeeverpackung weist
darauf hin, dass der Inhalt frei ist von
Herz und Nerven reizendem Koffein,
während die mondän verführerische
»blaue Dame« den Kaufreiz wecken
soll. Kaffee-Hag-Werbemotiv, von 1908

Roselius' umfassendes Marke-
ting. Vom Verpackungsdesign
bis zur Schaufenstergestaltung,
von Plakatmotiven bis zu Ver-
treterstrategien war alles streng
durchgeplant. Auch die Böttcherstraße (→ heimliche Hauptstraße)
diente zu nicht geringem Teil der
Vermarktung von Kaffee Hag. Das
Kürzel steht übrigens schlicht für
die Abkürzung »Handels-Aktien-
gesellschaft«. Roselius hatte sich
auch den Namen »Onko« schützen lassen, der »ohne Koffein«

H

bedeutet – aber bis heute nur auf Packungen mit koffeinhaltigem Kaffee zu lesen ist. »Kaba, der Plantagentrank« stammt ebenfalls aus der erfolgreichen Bremer Produktschmiede.

Hamburg, Bremer für

Zwei bereits in ihrer Zeit und über Hamburgs Grenzen weit hinaus berühmt gewordene Persönlichkeiten kamen an der Weser zur Welt und ragen aus den diversen Beispielen von Bremern an der Elbe heraus: Johann Heinrich Burchard (1852 – 1912), der einflussreiche Bürgermeister in Hamburgs Boomzeit vor dem Ersten Weltkrieg, und Fritz Schumacher (1869 – 1947). 1909 begann dieser → tagenbaren Bremer an der Elbe seinen Aufstieg zum bedeutenden Architekten und überragenden Städteplaner.

Hamburg, Verhältnis zu

Helmut Schmidt, der im Zweiten Weltkrieg eine Zeit lang als Soldat in Bremen stationiert war, bemerkte 1977 in einer Rede im Bremer Rathaus über das Wesen der Bremer und Hamburger, dass es sich bis zum Verwechseln ähnele – in der Außenperspektive des damaligen Bundeskanzlers ist das korrekt und, von einem Hamburger gesprochen, darüber hinaus sehr höflich, doch tatsächlich gibt es eine uralte Konkurrenz zwischen den beiden Hansestädten, die in vielen Spottversen und -sprüchen ihren Niederschlag findet (Was ist das Beste an Hamburg? Die A1, die führt schnell wieder nach Bremen...).

Irgendetwas an Hamburg oder den Hamburgern nicht zu mögen, und sei es nur eine Kleinigkeit (z.B. den HSV, *der hoffenlich in' nechst'n Norddörby wieder unnerliecht*), gehört fast zum guten Ton an der Weser. Aber auf die Frage, wo man denn in Deutschland wohnen möchte, wenn nicht in Bremen, antworten viele: *Hamburch!* Von der Natur mit mächtiger Elbe und angenehmer Alster bevorzugt, darf Hamburg sich in eigener Weltstadtschönheit sonnen – der Bremer derweil erfreut sich an Erfolgen seiner zähen Unbeugsamkeit.

Handfeste → Bremer Haus

Hansa (Auto) → Borgward

Hansa (Reederei) → Hungerkreuz

Hansa-Linie

heißt die A1 auf ihrem Weg vom Kamener bis zum Bremer Kreuz (1969 freigegeben).

Hanse

Erst wollte Bremen nicht hinein, dann flog es wieder raus, dann wurde man wieder aufgenommen, dann dasselbe noch mal – und überhaupt ist die Verbindung Bremens mit der Hanse keineswegs so gradlinig wie das stolz gepflegte Prädikat, → Hanseat zu sein, leicht vermuten lässt. Die Vereinigungen deutscher Fernhandelskaufleute (Hanse = Gefolge, fester Zusammenschluss) wandelten sich im 13. Jahrhundert allmählich erst zu regionalen, vom Rhein bis nach Gotland und Nowgorod reichenden Bündnissen von Städten und schlossen sich 1356 im reichen Lübeck zur wirtschaftspolitisch mächtigen Gesamthanse zusammen. Warum Bremen nicht mitmachen wollte? Weil seine Kaufleute schon lange erfolgreich Fernhandel in Eigenregie trieben. Nach Flandern, nach England und besonders nach Norwegen pflegten die Bremer hervorragende Beziehungen und profitierten von weitreichenden Handelsprivilegien. Das missfiel den zur Hanse gehörenden Städten, und Bremen wurde massiv aufgefordert, mitsamt seiner Kaufmannschaft nun auch in der »deutschen Hanse« mitzumachen. Der politische Druck wurde zu groß – und 1358 beigetreten. Zwar zweimal durch »Verhansung« ausgeschlossen, profitierte Bremen insgesamt von den Vorteilen des Bundes und arbeitete erfolgreich daran, auf den Zusammenkünften der »Hansetage« (»Tagfahrten«) nach Lübeck und Köln den dritten Platz in der Rangfolge einzunehmen (ohne dass seine Wirtschaftskraft dieser Stellung entsprochen hätte). Im 16. Jahrhundert erlosch die Bedeutung der Hanse, und als 1668 der letzte Hansetag in Lübeck stattfand, hatten sich Lübeck, Hamburg und Bremen schon längst auf die Zusammenarbeit in außenpolitischen Fragen verständigt (→ Hanseaten).

Hanseaten

»Hamburg, Lübeck und Bremen/ Die brauchen sich nicht zu schämen«, lautet ein alter Reim. Die drei Hansestädte bezeichneten sich allerdings erst nach Ende des 30-jährigen Krieges (1618 – 48) lateinisch als »Hanseaten« oder »hanseatisch«, als die hansische Sache (→ Hanse) faktisch schon Geschichte war. Sie taten es im Übrigen auch nur dann, wenn sie gemeinsame politische oder wirtschaftliche Interessen gegenüber anderen Mächten verfolgten. Wenn heute von Hanseaten die Rede ist, sind in der Regel nicht die drei Städte, sondern besonders

Traditionsbewusste unter ihren Bewohnern gemeint. Als hanseatische Tugenden gelten: sicherer Kaufmannssinn, Verlässlichkeit (→ Bremer Klausel, 2.), Zurückhaltung, Fähigkeit zur Selbstironie und gutes Englisch. In ganz Norddeutschland sind Hanseaten auch als acht bis zehn Zentimeter große, gefüllte Mürbeteigkekse mit längs geteilter Zuckerglasur in den Hansefarben Weiß und Rot (Himbeer oder Mehrfrucht) bekannt.

Hanseatenklausel

Bürgermeister Wilhelm Kaisen und sein Hamburger Kollege Max Brauer erreichten 1950 in Bonn die Anerkennung der hohen Bedeutung der Hafenwirtschaft ihrer beiden Städte für die gesamte Bundesrepublik. Dies war die Grundlage der bis 1987 geltenden Hanseatenklausel, die Bremen und Hamburg Vorteile im Länderfinanzausgleich sicherte.

Hanseatenkreuz

Wer für die drei Hansestädte 1813 gegen Napoleon kämpfte und dabei besonders tapfer half, für das Ende der → Franzosenzeit zu sorgen, konnte als Zeichen der Ehre das von den drei Städten mit je ihrem Wappen versehene Hanseatenkreuz erhalten. Im Ersten Welt-

Das Hanseatenkreuz als Kriegerorden ...

krieg wurde es als Orden erneuert. Das größte Exemplar entstand mitten auf dem Bremer Marktplatz bei dessen Neupflasterung im 19. Jahrhundert (knapp fünf Meter). Das heute bekannteste ist das im Signet der in Bremen beheimateten Deutschen Gesellschaft zur Rettung Schiffbrüchiger.

... und etwas größer als Zeichen der Bremer Freiheit auf dem Markt

Hansekogge → Kogge

Haus des Reichs

Hören sie »Reich«, werden gut republikanische Bremer gerne skeptisch, aber das »Haus des Reichs« ist weniger → unbremisch als es klingt, sondern verdankt seinen Namen vielmehr einer Riesenpleite. Gebaut wurde es 1928 – 30 von den Bremer Architekten Eberhard und Hermann Gildemeister als Verwaltungszentrale der Norddeutschen Wollkämmerei und Kammgarnspinnerei (»Nordwolle«). Beherrscht von Mitgliedern der Bremer Familie Lahusen, kontrollierte die Aktiengesellschaft Ende der 1920er Jahre immerhin ein Viertel der weltweiten Rohwolleverarbeitung. Entsprechend Eindruck sollte wohl auch der Firmensitz machen. Außen → Bremer Stein in kräftig-trutziger Gestalt, innen viel Marmor und üppige Beleuchtung in edlem Art déco. 1931 war Schluss mit dem schönen Schein, das Firmenimperium der Lahusens ging infolge der Weltwirtschaftskrise in Konkurs – und ein Mitglied der Familie darüber sogar nach → Oslebshausen. Bremen ersteigerte 1933 zunächst das Gebäude, das später als »Haus des Reiches« der Reichsfinanzverwaltung und anderen von Berlin aus gesteuerten Stellen diente, darunter dem »Reichsstatthalter von Oldenburg und Bremen«. 1945 beschlagnahmten die Amerikaner den Komplex, in den ab 1947 auch wieder das Finanzamt und der Finanzsenator Einzug hielten. Seit 1978 steht das Haus des Reichs unter Denkmalschutz.

Haus Seefahrt

ist eine der traditionsreichsten Bremer Einrichtungen und besteht seit mehr als viereinhalb Jahrhunderten. Als nach der Reformation im 16. Jahrhundert auch das Bremer Armenwesen neu geordnet werden musste, gründete im Jahr 1545 die Schiffergesellschaft, eine Art Genossenschaft von Kaufleuten, Schiffseignern und Seefahrern, einen Sozialfonds zur Versorgung

Das Portal des Seefahrtshofs an der Hutfilterstraße im 17. Jahrhundert

von alten, zur See fahrenden Mitgliedern sowie deren Ehefrauen und Witwen. Die Einrichtung nannte sich »Arme Seefahrt« und bezog 1561 den ersten »Seefahrtshof« an der Hutfilterstraße, in dem die Leistungsbezieher (→ Prövener) wohnten. Der 1876 bezogene Neubau mit 51 Wohnungen an der Lützower Straße wurde im Zweiten Weltkrieg zerstört. Die heutige Wohnanlage der gemeinnützigen → Stiftung »Haus Seefahrt« entstand 1950/51 auf dem Oeversberg in Grohn, wo auch das prächtige, 1663 für den Seefahrtshof in der Hutfilterstraße geschaffene Barockportal aufgestellt wurde. Jedes Jahr wählt die Stiftung drei neue kaufmännische Mitglieder, die zwei Jahre darauf gemeinsam die → Schaffermahlzeit ausrichten. Die dabei eingehenden Spendengelder tragen maßgeblich zur Erfüllung des Stiftungszwecks bei.

Einer mit altem und einer mit neuem Nummernschild – zwei Käfer parken an einem schönen Sommmertag Ende der 1950er Jahre vor der »Weserburg« auf dem Teerhof

HB

HB als Kürzel für »Hansestadt Bremen« auf den Kfz-Kennzeichen wurde 1909 eingeführt. 1947 zunächst abgelöst von BM (= Britische Militärzone), ließen seit April 1948 die Amerikaner ihr AE (= American Enclave) in das Blech der Bremer Nummernschilder prägen. Erst seit Juli 1956 gilt wieder das frühere HB.

Kein bisschen bremisch ist dagegen die einst berühmteste deutsche Zigarettenmarke »HB«, die steht für »Haus Bergmann« und stammt damit ursprünglich aus Dresden. Durchaus bremisch ist dagegen die Wendung »Ochsen hintern Zaun«, die steht für das Kennzeichenkürzel »OHZ«.

Hedwigs → Bremer Heißwecken

Heerstraßen

Zunächst hießen die Landstraßen Landstraßen. Dann begann man auch in Bremen die staubigen Wege mit festen Steinen auszubauen und nannte das Ergebnis schick französisch »Chaussee«. Doch als der deutsche Kaiser 1914 des Weltkriegs Grundstein mitgelegt hatte, befand der Bremer Senat, dass seinen Straßen die französische Namenehre abzuerkennen wäre, und verfügte, ganz im Stil der zackigen Zeit, die Verdeutschung als »Heerstraße«. Und weil es sich nun mal nicht reimt, werden Bremer Ameisen auf dem Weg nach Australien niemals mehr in Schwachhausen die Beine wehtun können. *Nich verstann'n? Schad nix, is' bloß 'n Ans-pielung auf ein klein extrafein Gedicht, nömmich »Die Ameisen«,* von Joachim Ringelnatz (1912).

Heimatviertel

Das auch »Waller Wied« oder »Wiedviertel« genannte Heimatviertel entstand 1889 südwestlich der Nordstraße als reine Arbeitersiedlung in direkter Nachbarschaft mit der → Jute. Entlang seiner sechs Straßen reihten sich → Bremer Häuser in ihrer kleineren Variante und bilden dort nach sehr starker Kriegszerstörung und Wiederaufbau ein städtebauliches Kleinod hinter dem heutigen Nordstraßendeich. Hübsch sind auch die Straßenbenennungen. Da das Heimatviertel einen Viertelkreis bildet, erhielt der Bogen den Namen

»Bogenstraße«, auf den, sinnigerweise, die »Pfeilstraße« trifft. Das Ganze entstand in Bebauung des Waller Wieds, deshalb die »Wiedstraße«. Und mit dem Wunsch, dass die Bewohner in ihrer neuen Heimat in Frieden und Eintracht leben mögen, lauten die drei übrigen Straßennamen eben: Heimat-, Frieden- und Eintrachtstraße.

heimliche Hauptstraße

der Hansestadt wird die Böttcherstraße heute genannt. Ihren Ruhm verdankt sie Ludwig Roselius (1874–1943), der mit seinem Kaffee → Hag zu märchenhaftem Erfolg als Unternehmer gelangte. 1902 hatte er in der Straße hinter dem Schütting ein Haus gekauft, das er beispielhaft restaurierte und zu Repräsentationszwecken nutzte (»Roseliushaus«). Nach dem Ersten Weltkrieg erwarb er alle weiteren Häuser der arg heruntergekommenen Straße und ließ sie größtenteils abreißen. Ganz Bremen klappte die Kinnlade runter, als die Neubauten fertig waren, und noch heute kann man sich über den Stil- und Zweckmix auf den 107 Metern zwischen der Straße Hinter dem Schütting und Martinistraße nur wundern. 1924–26 entstand die vom Markt aus rechte Seite im englischen Landhausstil unter Verwendung heimatlichen Backsteins.

Postkartenblick von Hinter dem Schütting in die Böttcherstraße. Über dem Eingang das originale von Bernhard Hoetger mit blauem Glas gestaltete Relief, das erst später gegen den »Lichtbringer« ausgetauscht wurde

Im HAG-Haus wurde der namengebende Kaffee vermarktet. Die bis 1927 fertiggestellten Teile der linken Straßenseite hingegen widmete Roselius in Teilen der zeitgenössischen Kunst. Zur Gestaltung hatte er den vom Expressionismus beeinflussten Bildhauer und Architekten Bernhard Hoetger engagiert. Der entwarf Gebäude für Ateliers, Werkstätten und vor allem für das erste einer Künstlerin, nämlich Paula Modersohn-Becker, gewidmete Museum überhaupt

(1927 eröffnet). Bis heute verwirrend: Roselius und Hoetger waren so vernarrt in die Malerin, dass das Gebäude den Namen »Paula-Becker-Modersohn-Haus« erhielt, um durch Betonung ihres Mädchennamens die Künstlerin als Person hervorzuheben. Die Sammlung heißt heute also »Paula Modersohn-Becker Museum« und ist zu Hause im »Paula-Becker-Modersohn-Haus«. 1931 war die Straße mit → »Haus Atlantis« fertiggestellt.

Im Krieg stark zerstört, wurde die Böttcherstraße von 1945 an von Roselius' Nachkommen und Kaffee Hag wieder aufgebaut. 1988 übernahm die Sparkasse Bremen die Gebäude und Grundstücke, die seit 2003 der → Stiftung Sparer Dank gehören.

Hein Mück

ist ein Name, der als »Hein Mück aus Bremerhaven« so griffig klingt, als wäre er eigens als Markenzeichen der Seestadt für teures Geld von einer Werbeagentur entwickelt worden. Hein Mück ist aber schon vor Seefahrergenerationen und mehrfach als Spitzname vergeben worden, bis er tatsächlich an einem bestimmten Mann hängen blieb. Gemeint ist der Marinesoldat Heinrich Soltziem (1895 – 1967), der 1904 mit seinen Eltern aus Mecklenburg nach Bremerhaven

Menschen werden zu »Figuren«: Aus Heinrich Soltziem wurde »Hein Mück aus Bremerhaven« …

als lebensgroße Nachbildung im Stadtbild: Ein Seemann, der seine Lieder vorträgt voller Sehnsucht und Liebe, da schwingt immer auch ein Hauch Romantik mit… Es sei denn, in der Nähe wird gerade der Refrain des berühmten Hein-Mück-Liedes geschmettert:

Hein Mück aus Bremerhaven
ist allen Mädchen treu.
Er hat nur eine feste Braut
und zwanzig nebenbei.

einwanderte. Neben seinem ausgeprägt guten Ziehharmonikaspiel soll er sich unter seinen Bremerhavener Kameraden auch noch durch sagenhaften Appetit hervorgetan haben. Ob der bei Rickmers zum Schiffszimmermann ausgebildete Soltziem je zur See gefahren ist, weiß niemand. 1918 hatte er jedenfalls keine Lust mehr auf die Waterkant, packte sein Schifferklavier und zog zurück in seine Mecklenburger Heimat. Aber die Erinnerungen an Soltziem alias »Hein Mück« blieben an der Wesermündung lebendig. Und als 1947 Hans Albers und elf Jahre später Lale Andersen ein Lied auf den um 1930 flugs zum lebenslustigen Weltenbummler umgedichteten Mann aufgenommen hatten, wurde Hein Mück unsterblich – und Bremerhaven kam zu seiner populären Identifikationsfigur des singenden Matrosen mit Ziehharmonika. Ob als Aufkleber auf der Heckscheibe oder

Heini Holtenbeen

wurde 1835 an der Tiefer 20 geboren, hieß eigentlich Jürgen Heinrich Keberle und war ein stadtbekanntes Bremer Original. Während seiner Ausbildung zum Tabakküper

… und aus dem armen Schlucker Jürgen Heinrich Keberle »Heini Holtenbeen«

89

stürzte er durch eine Bodenluke, was ihm ein lahmes Bein bescherte. Vermutlich hatten dabei auch seine geistigen Fähigkeiten Schaden genommen. Die Lehre musste er abbrechen und unternahm fortan mit einem Handwagen Botentouren durch die Stadt. Aber weder dies noch sein Humpeln begründeten seine Bekanntheit, und auch das Sammeln von angerauchten Zigarren, die besonders vor der Börse wegen des darin geltenden Rauchverbots weggeworfen wurden, macht keine Berühmtheiten. Für die Mitwelt interessant wurde Holtenbeen vielmehr durch seine mitunter witzigen und häufig schrägen bis abstrusen Kommentare und Aussprüche. »Zehntausend Särge schwimmen die Weser runter – und keiner will sterben« oder »– und keiner für mich«. Das Ganze erfolgte natürlich in Plattdeutsch, wie auch sein bekanntes Dauermurmeln: »Schanne wert!«, »Wat scheert mi dat!?« oder »Kanns' mi nich'n halben Groschen leh'n, krist'n wedder to Pingsten, schast (= sollst) mohl sehn.« Heini Holtenbeen wurden lange Listen weiterer Aussprüche und Anekdoten angedichtet, und schon zu Lebzeiten lohnte sein Bild den Druck als Postkartenmotiv. Auch ein Magenbitter trug seinen Namen. Holtenbeen wohnte lange im Schnoor, später

Vor Stephanitor, wurde 1899 für einige Monate ins Armenhaus in der Großenstraße eingewiesen und 1908 ins St. Jürgen-Asyl (→ Ellen), wo er im Jahr darauf verstarb. Im Schnoor erinnert ein Bronze-Denkmal an Keberle.

Heißwecken → Bremer Heißwecken

Helenenstraße

heißt die Vor dem Steintor in Höhe Ziegenmarkt südlich abzweigende Rotlichtstraße Bremens. Von 1878 an wohnten in der polizeilich überwachten »Kontrollstraße« ausschließlich Frauen, die als Prostituierte arbeiteten. Dann wurde die einseitige Zweckbestimmung aufgehoben, und aus der Helenenstraße wurde die Frankenstraße. Aber das Gewerbe hielt sich in der Gegend. 1933/34 erfolgten die Errichtung von Sichtblenden am Eingang und die Rückbenennung in Helenenstraße, die bis heute wieder ihrem alten Zweck dient.

Ein Ostertordöntje besagt, dass die Straße ursprünglich Hellenenstraße heißen sollte, also Griechenstraße, aber der Schilderfabrikant das zweite »l« fallen ließ (*... muscha wohl 'n Fehler sein*). Sinn hätte es ja ergeben, liegt in ihrer nördlichen Verlängerung doch die Römerstraße. Ebenso anekdotenverdächtig, aber wohl dennoch wahr, ist die Erklärung, dass der Unternehmer, der einst die Konzession zum Betrieb der Straße erhalten hatte, sich an einer Dame namens Helene Engelken rächen wollte. Die nämlich weigerte sich, ihm auch nur einen Quadratmeter ihres Grundstücks zu verkaufen, und verdarb so den ursprünglichen Plan, die Straße länger zu bauen und mit der Schmidtstraße oder Auf den Kuhlen zu verbinden – und dürfte so unfreiwillig zur Namensgeberin von Bremens sündigen 80 Metern geworden sein.

helfen/danken → da nich für

Hemeln/Hemelinger Spezial

Hemeln lautet der umgangssprachliche Name des bereits im 13. Jahrhundert belegten Dorfes Hemelingen. In der zweiten Hälfte des 19. Jahrhunderts siedelten sich zahlreiche Gewerbe- und Industriebetriebe an. Seit 1885 gehörte es zum Landkreis Achim und hatte in den 50 Jahren zuvor seine Einwohnerzahl verfünffacht. 1858 war die Silberwarenfabrik M.H. Wilkens und Söhne von Bremen nach Hemelingen gezogen, 1873 hatte dort die → Jute die Produktion aufgenommen. Das frühere Dorf des Landkreises Achim hatte längst städtische Züge angenom-

men und wurde 1939 nach Bremen eingemeindet. Durch seine lange Tradition als Industriestandort besitzt Hemelingen den Nimbus eines stolzen Arbeiterstadtteils. Und genau den griff ein Achimer Bierverlag auf, als er 2008 von Inbev (→ Beck's) die Markenrechte an »Hemelinger Spezial« kaufte und das Bier mit einer fantasievollen Kampagne (»Stoppt Bierversuche!«, »Reicht doch!«, »Bremens zweitbestes Bier«) im 30er-Kasten neu auf den Markt brachte.

Herrlichkeit

heißt das kurze Stück zwischen Werderstraße und Teerhof. Vermutlich war es weniger der herrliche Anblick der dortigen Landschaft, der zu der Namensgebung führte, als vielmehr der Umstand, dass noch im frühen 18. Jahrhundert viele der dortigen Grundstücke Ratsherren, also Mitgliedern des Senats, gehörten, die sich im noch dünn besiedelten Gebiet jenseits der Weser große Gärten angelegt hatten. Die → Neustadt galt in früheren Zeiten deshalb auch als »Schoßkind des Rates«.

Hillebrecht-Fähre

Von 1910 an ruderte Otto Hillebrecht die Fähre zwischen Peters- und → Stadtwerder hin und her. 1914 erhielt er eine eigene Konzession

»Grand Hotel« und einst Bremens vornehmste Herberge: Hillmanns Hotel auf einem kolorierten Foto um 1890

und versah drei Jahrzehnte lang den Fährdienst als Unternehmer. Von 1926 an entlastete das Motorboot »Klein-Ottchen« seine Oberarme, später kam »Anna« dazu. Als 1954/64 die Boote »Gretchen« und »Antje« folgten, stand der beliebte Hillebrecht längst nicht mehr am Ruder. Aber sein Name blieb noch lange nach der letzten Fahrt der Peterswerderfähre am 23. September 1968 ein Begriff.

Hillmanns (Hotel, Passage, Café)

Hillmanns Hotel war bis zu seiner Zerstörung durch Bomben im Oktober 1944 Bremens »erste Adresse« und damit das vornehmste Hotel der Stadt. Familie Hillmann betrieb einen Gasthof in der → Neustadt, als auf der → Bürgerweide der Hannoversche Bahnhof gebaut wurde. In Erwartung steigenden Fremdenverkehrs durch die Eisenbahn begann Johann Heinrich Hillmann 1845 den Bau eines Hotels am Herdentor gegenüber der Wallmühle. Als sein Haus und der nahe Bahnhof 1847 den Betrieb starteten, rauschte mit den Zügen auch schnell der Erfolg heran. Nach mehrfachen Erweiterungen und Umbauten zählte es in den 1930er Jahren insgesamt 300 Betten. 1928 wohnten auch die → Ozeanflieger im Hillmanns und bestiegen am Herdentorsteinweg die Autos für ihre Parade durch die Bremer Innenstadt. Nach dem Krieg eröffnete 1949 auf dem alten Grundstück die Hillmann-Passage mit 22 Geschäften und einem beliebten Café mit großer Dachterrasse. Nach Abriss der Bauten und Verkauf des Grundstücks (1980) steht auf dem Grundstück seit 1985 ein schmuckloser Hotelneubau.

Himmelsrichtungen → Bremen best

Himmelssaal → Atlantis

Himphamp
unstete Person, also *ümmer unnerwegens, nur am Rumpüstern!*

hingehen
Das mach wohl hingehen, dassas so is. »Hingehen« tut in Bremen also etwas, das andernorts »angeht«.

hinterzu
ist jemand oder etwas, das nicht Schritt hält und hinterherhinkt: *Los, bleib ma' nich ümmer hinterzu, büschen Be-eilung jezz!*

Ho Chi Minh-Pfad → Parkallee

Hochstraße
heißt in Bremen die 1968 erbaute, vierspurig auf Stelzen über dem Breitenweg vom Nordwestknoten

bis zum Rembertikreisel führende Trasse. Zu ihr gibt es zwei Meinungen: Die einen sähen sie zur Stadtverschönerung gern abgerissen, während die anderen das knappe Minütchen freie Fahrt samt Großstadtflair nicht missen wollen. Aber eines steht fest: Moderner und mit schlankeren Stützen hätte man sie damals nicht bauen können (s.a. → Milchquartier).

Seit den 1960er Jahren besorgt die Innung der Bremer Schornsteinfeger zur Freimarkteröffnung ein Herz für den Roland. Auf dem Bild erhält er gerade eines mit der Aufschrift: »Hol di hart«

Hol di
»Halt dich wacker!« (oder aufrecht, oder tapfer), wünscht man hochdeutsch aufmunternd zum Abschied. Norddeutsch platt heißt es »Hol di hart!« (oder stief), aber im sparsamen Bremen reicht ein

Bremen rüstet sich zur Großstadt: Das erste Teilstück der filigranen Hochstraße Breitenweg ist fertig betoniert. Im Hintergrund des im Juni 1968 von Wilhelm

Kuhlmann für die Landesbildstelle aufgenommenen Fotos sind die Anlagen der
stadtbremischen Hafenreviere zu erkennen

H

»Hol di«, das sich jeder selbst ergänzen kann.

Holler-See

Ein formal eingefasstes Wasserbecken sei ein »Bassin« und dürfe somit als »See« nicht bezeichnet werden, verbesserte ein aufmerksamer Zeitgenosse per Leserbrief die »Bremer Nachrichten«, die über Schlittschuhläufer auf dem »Holler-See« berichtet hatten. Es ist zugleich der älteste bekannte Nachweis für diese Benennung des 1870 fertiggestellten »Bassins« zwischen dem heutigen Park Hotel und der Hollerallee, die übrigens 1869 nach Johann Hermann Holler (1818 – 1868) benannt wurde, dem Stifter der Eichen links und rechts entlang »seiner« Allee.

Hornster

Leute, die im Bremer Stadtteil Horn zu Hause sind

Hort der Freiheit → Gluckhenne

hosten

steht neudeutsch für »eine Website bereitstellen« und niederdeutsch für husten. *Ick will di wat hosten* hat aber nichts mit einem Reiz im Hals zu tun, sondern bedeutet so viel wie: Das gibt's nicht, das kriegst du nicht, so lange du auch wartest (s.a. → Fleutjepiepen).

Huchten

plattdeutsch für Huchting

Hungerkreuz

Die legendäre, 1880 in Bremen gegründete DDG Hansa war lange Zeit nach dem → Norddeutschen Lloyd und der HAPAG die drittgrößte deutsche Reederei, vor 1914 mit 66 Schiffen sogar weltweit die größte reine Frachtschifffahrtsgesellschaft. Alle Schiffsnamen endeten auf -fels, -eck, -burg oder -turm und trugen ein großes schwarzes Kreuz auf dem Schornstein. Das stolze Reedereizeichen rief unkende Seeleute auf den Plan, man fahre auf ihren Schiffen wohl unterm »Hungerkreuz«. Der Spott saß tief, denn noch heute, bald vier Jahrzehnte nach dem Konkurs der Reederei 1980, weisen Hansa-Veteranen gern und unaufgefordert auf die gute Verpflegung an Bord hin.

Hütte am Meer

Sie bezeichnet keine Strandbar mit → Speckflagge auf dem Dach, sondern ein großes Stahlwerk am Bremer Weserufer. 1911 nahm die »Norddeutsche Hütte A.G.« nahe dem Dorf Mittelsbüren die Produktion auf. Nach dem Zugeständnis weitreichender Förderung durch den Bremer Senat kaufte im Jahr 1954 der Klöcknerkonzern die Reste der im Krieg zerstörten und anschließend demontierten Anlagen für 4,5 Mio. D-Mark und baute nahe dem alten Standort ein neues Werk. 1994 wurden daraus die »Stahlwerke Bremen«, die nach belgischen und französischen Übernahmen und einer französisch-indischen Fusion seit 2007 als ArcelorMittal Bremen GmbH firmieren. Aber der kantig-gläserne Verwaltungsbau wird noch wie zu Klöckner-Zeiten in der Belegschaft nur »Aquarium« genannt.

Huxmann

Die »Eiswerke Huxmann« waren einst in ganz Bremen bekannt. Ihre Männer schulterten große Eisstangen in die Küchen von Haushalten, die sich Kühlschränke schon leisten konnten, als diese noch aus Holz und Zinkblech bestanden und die meisten Leute bei »Strom« zunächst an »Weser« dachten (oder an »Ochtum« und das bremische Dorf »Strom«). Im Laufe der 1950er Jahre verdrängten

Die Auslieferungsfuhrwerke der Firma Huxmann waren in der ganzen Stadt bekannt. Foto vor dem Firmengrundstück Am Deich

elektrisch betriebene Kühlschränke die »Eismänner« allmählich aus dem Stadtbild. Die Aktiengesellschaft ging samt ihrem Grundstück am Deich 27 – 30 in den Besitz von Beck & Co. über.

Hygenium, Hyptor → Pümpel

i/ü/ö

Den Buchstaben »i« machen viele Bremer zu einem »ü«, aber »nich ümmer«, denn haben sie tatsächlich mal ein echtes »ü« zu fassen, klingt es auch nicht richtig: *Der Meierschen ihr Mann is aufe Treppe gestöhrzt... Issas nich örgntwie komisch, dassas »ü« da nu für'n »ö« klingt?* (s.a. → Aussprache, → r und für die zwei bekanntesten Bremer i-Buchstaben: → Scharskarken)

Ick rok se selbst

lautet ein Bremer → Schnack, der in Bremen vor mehr als 100 Jahren durch einen Zigarrenverkäufer bekannt wurde. Dieser stand mit seiner in einem kleinen Holzkasten mitgeführten Ware mittags am Weser-Bahnhof und abends vor dem Werkstor der → Akschen, deren Helgen bis 1905 noch auf der Stephanikirchenweide lagen. »Drei Zigarren nur zehn Pfennig...«, rief der Mann laut in den langen Zug der täglich an ihm vorbei-

strömenden Arbeiter hinein. Und um sein Angebot noch attraktiver erscheinen zu lassen, ergänzte er den skurrilen Qualitätshinweis: »..., ick rok se selbst!« Der große, hagere Mann und das Heer der Arbeiter waren schon längst vergessen, als noch Jahrzehnte nach dem Zweiten Weltkrieg Bremer sich Zigarren scherzhaft mit diesem merkwürdigen Werbeschnack zum Geschenk machten.

Ike-Stadium

hieß das Bremer Weser-Stadion bald nach Kriegsende 1945. Es erhielt von der amerikanischen Militärregierung damit den Spitznamen des US-Präsidenten Dwight D. Eisenhower. Schon 1935 war das »Weser-Stadion« in »Bremer Kampfbahn« umbenannt worden und hatte bald weitere Folgen der Nazi-Herrschaft erfahren, nämlich den Bau von drei Flaktürmen auf den Zuschauerrängen. Im April 1947 wurde aus dem Ike- wieder das Weser-Stadion. Seit der 2005 erfolgten Umbenennung der Straße »Am Weser-Stadion« zur »Franz-Böhmert-Straße« dürfte der Weg zur Vermietung des Stadionnamens frei sein (vgl. → Boljahneum).

Ingenjör

In Bremen geläufige Variante einer in der Bundesrepublik geschützten Berufsbezeichnung für Inhaber technischer Berufe, sofern diese Absolventen einer entsprechenden Bildungseinrichtung sind.

inne Klatten kriegen

sich Bremer, wenn sie in Streit geraten.

Isabella → Borgward

ischa

Waahnsinn, wie in Brehm'm die Wördda un Sülb'n inn'anner verschmelzn, nöch?

Isen/Isel-Geld/Dat Isen

Isen heißt hochdeutsch Eisen, aber in diesem Stichwort geht es um nichts Metallisches, sondern erstens um eine vom Hauptwort »Eis« abgeleitete Tätigkeit, zweitens einen einst sehr bekannten Bremer Feieranlass und vor allem drittens um eine uralte Bürgerpflicht. Und jetzt alles der Reihe nach: Wenn im Winter der Wallgraben zufror, wurde die militärische Verteidigung und später die Arbeit der Steuereinnehmer an den Stadttoren problematisch. Ob angreifende Soldaten, nächtliche Schmuggler oder sonstige Bösewichter, wer wollte, konnte prima über das Eis hinweg Bremen Schaden zufügen. Also mussten alle ran und »isen«, nämlich

Eis hacken. Genau genommen erledigten Arbeitsleute das Isen und die Bürger zahlten dafür die »Isel-Geld« genannte Abgabe. Bürgermeister Arnold Duckwitz (1802 – 81) überlieferte, dass nach getaner Arbeit im Namen des zuständigen Senators den Eishackern auch Speis und Trank gereicht worden seien.

So weit, so einfach. Aber was ist mit dem Fest namens »Dat Isen«? Bis zum Beginn der demokratischen Ordnung 1919 hatten frisch gewählte Senatsmitglieder einen mehr oder weniger öffentlichen Empfang mit immensem Aufwand aus eigener Tasche auszurichten. Mehrere Hundert (teils lächelnde, teils grinsende) Gratulanten mussten aufwendig versorgt werden. Der neue Senator hatte durch seine Wahl eine gesicherte Lebensstellung erhalten, nun sollte er der Allgemeinheit etwas zurückgeben – und dafür kräftig blechen. »Dat Isen« war eine große Sause, es gab → Kükenragout satt, viel zu trinken und am Ende reichlich Zigarren, auch für Zaungäste, mit auf den Heimweg. Sehr zufrieden »iselten« die Teilnehmer teils schwankend und mit ausgebeulten Taschen nach Hause.

Auf der Suche nach dem Hintergrund des Zweifachnamens

J

schaute sich ein findiges Mitglied der Historischen Gesellschaft im Niederländischen um, das noch im 18. Jahrhundert in Nordwestdeutschland starken Einfluss hatte und sich in vielen Begrifflichkeiten mit Deutsch verband. Ndl. ijs (sprich »Eis«) und ndl. eis (sprich »Eisch«) meinen »das Eis« und »die Forderung«. Auch im Deutschen gibt es das Wort »heischen« im Sinne von fordern. Somit sind beide Bremer Isens Ausdruck des uralten römischen Rechtsgrundsatzes: Keine Leistung ohne Gegenleistung (do ut des). Der Eishacker gab seine Arbeit und erhielt etwas dafür, der neue Senator erhielt seine Stellung und gab etwas dafür.

Ja

signalisiert als *Dja, Dscha, Tscha* in der Regel Zustimmung, kann aber als *Tschä!* oder *Tsche, was nun?* ebenso als allgemeiner Ausruf stehen oder eine Ablehnung einleiten (*Tschä, aber was soll das?*). Gemütlich plattdeutsch klingen »Jo« oder »Jau«. Viel mehr als ein »Ja« kann das feine, aus der tiefsten bremischen Sprachseele stammende → Tsieh bedeuten, das allerdings nur noch sehr selten zu hören ist.

Jacobs-Hummeln

wurden einst die zum Bremer Stadtbild gehörenden braun-gelben Auslieferungsfahrzeuge des Bremer Kaffeerösters Jacobs genannt.

Eine aus einem großen Schwarm: Bevor 1966 die 3000. Jacobs-Hummel voll beladen losbrummte, sollte sie noch eine Weile im Schaufenster von Schmidt + Koch an der Stresemannstraße bewundert werden

Mehrere Tausend VW-Transporter wurden dafür im Laufe der Zeit angeschafft und durch die Republik geschickt.

Jakobus Minor

1718 wurde auf dem Jacobikirchhof ein Brunnen gebaut und ganz obendrauf eine Sandsteinfigur gestellt. Sie zeigte wie die Holzfigur im Schnoor (→ Juxmajor) den Heiligen Jakobus den Älteren (Jakobus Major) und stammte möglicherweise aus dem Mittelalter und der 1667 größtenteils abgerissenen Jacobikirche. Fast 200 Jahre lang trotzte die Figur Wind und Wetter, bis 1906 ein vom → Freimarkt kommender Betrunkener noch nüchtern genug war, sie vom Sockel zu stürzen. Aus dem Bruch guckte sich dann der Bildhauer Hans Everding die Vorlage für seine Kopie ab. Die schaffte keine 40 Jahre und fiel 1944 bei einem Bombenangriff in den Schutt. Sie hatte am Neanderhaus (→ Lobe den Herren) bei der Martinikirche gestanden, und an gleicher Stelle wurde mit einer erneuten Kopie 1957 die dritte Version des Apostels auf ihren Sockel gehoben. Jetzt passiert zwei Jahrzehnte nichts weiter, bis Hans Henry Lamotte, der sehr aktive Dombauherr und Gründer der Stiftung Bremer Dom, in ei-

Der kriegsbeschädigte St. Jacobus (= 1. Kopie) im Bibelgarten zwischen Dom und Glocke

nem Haufen nach 1944/45 zusammengesammelter Trümmerstücke der Baudenkmalpflege Everdings Kopie von 1906 aufstöbert. Er findet sie nicht kaputt genug, als dass sie nicht restauriert und im Bibelgarten des Doms platziert werden könnte, was im Juli 1980 auch geschieht. So stehen nun keine 300 Meter voneinander entfernt die zwei kopierten Heiligen noch für die Ewigkeit, und wenn doch nicht, wie es ja wohl diese Geschichte lehrt, dann gibt es noch eine weitere Replik in der gotischen Jakobikirche in Gingst auf Rügen. Sie kam 2005 als Geschenk der Bremer Domgemeinde an ihre dortige Patengemeinde auf die Insel. Auch diese dritte Nachfertigung gleicht also der originalen Statue.

Wer nun immer noch weiterliest, soll auch endlich erfahren, warum denn dieser vierfach identische Jakobus Major, der Schutzpatron der Pilger, um alles in der Welt nicht auch nach dem genannt wird, den er darstellen soll! Er heißt nämlich deshalb nach einem ganz anderen Jünger Jesu, weil dessen Name zufällig prima auf die Bremer Figur passte: »Jacobus Minoris« steht im Neuen Testament, und lateinisch minoris heißt nicht nur jünger, sondern auch kleiner – und mit 112 Zentimetern Höhe ist der erste Jakobus vom Jakobikirchhof einen halben Meter kürzer als der »Juxmajor« im Schnoor (und auch als die mittelalterliche Jakobusfigur aus der Pilgerherberge Gertrudenhaus). Wie der »Juxmajor« von einer sozial engagierten Vereinigung als Marke angefertigt worden war, so finanzierte später eine andere mildtätige Bremer Jakobusbrüderschaft die ersten beiden Kopien (sowie die Reparatur der zweiten für die Aufstellung im Bibelgarten). Sie existierte schon im 15. Jahrhundert und benannte sich 1837/41 neu als »Brüderschaft Sancti Jacobi Minoris«.

Jakobushaus → Papageienhaus

Jan Mohr

Kind, das dringend gebadet werden müsste.

Jan Neeschier

ist eine neugierige Person.

Jan Reiners

wurde 1825 geboren, hieß eigentlich Johann Reiners und wohnte in Lilienthal. Er war Präsident des Landwirtschaftsverbandes und ärgerte sich, dass es keine Eisenbahnverbindung nach Bremen gab. Deshalb setzte er so lange alle Hebel in Bewegung, bis er ab 1900 keinen Grund mehr zum Ärgern hatte: Mit nur einem Meter Spurbreite schnauften und pfiffen von da an die Züge der Kleinbahn vom damaligen »Parkbahnhof« Ecke Gustav-Detjen-Allee/Hollerallee geräuschvoll durch Findorff über Borgfeld, Lilienthal bis Tarmstedt und zurück.

Die ausgediente Lokomotive der Jan-Reiners-Bahn in Findorff

Aber die Gleise störten den Bremer Autoverkehr, 1954 war Schluss mit der »Pingelbahn«. In Horn und in Lilienthal sind noch ehemalige Bahnhofsgebäude zu entdecken, und der heutige »Jan-Reiners-Weg« ist natürlich der alte Bahndamm. Statt Menschen und Gütern wird hier nun Bremens Ruhm als Stadt der guten Fahrradwege befördert.

Seit dem Bau des Hauses Ecke Hemm-straße/Fürther Straße zu Anfang der 1950er Jahre schaut ein »Jan von Moor« als Fassadenschmuck auf den Verkehr. Hätte er dort schon im 19. Jahrhundert gestanden und etwas den Kopf nach rechts gehoben, dann hätte er auf den Findorffer Torfhafen geblickt. Dessen Becken reichte nämlich bei der Anlage 1873 noch vom Bürgerpark bis zur Hemmstraße. Nach dem Zweiten Weltkrieg wurde es bis auf den heutigen erhaltenen Rest zugeschüttet

Johann Reiners starb 1908, und die zu seinen Ehren benannte »Lokomotive 1« ist an der Ecke Hemmstraße/Eickedorfer Straße zu bewundern (Hanomag 3345/ Baujahr 1899).

Jan Schiet → Schieten Alfes

Jan von Moor

oder »vom Moor« war die früher übliche Bezeichnung für die Torf-bauern aus dem Teufelsmoor bei → Worpswede, die ihre Fracht zum Verkauf nach Bremen fuh-ren. Wer nicht diesen Namen ver-wandte, sagte »Jan Torf«. Aber ob »Torf« oder »von Moor«, in Bre-men angekommen, übernachtete Jan auch auf seinem schmalen schwarzen Torfkahn und fuhr erst am nächsten Tag zurück; er war somit Torfstecher, Schiffer und Händler zugleich.

Janmaat

oder auch: Jan Maat oder Jantje, ist ein umgangssprachlicher Sam-melbegriff für Seeleute.

Januargesellschaft → Oller-mannskarken

Jota

hieß eines der vielen »Ersatzpro-dukte«, mit der die Bremer Nah-rungs- und Genussmittelindustrie den Rohstoffmangel in der Kriegs- und Nachkriegszeit auffangen wollte. Kaffeebohnen gab es keine, und so entwickelte die Firma Joh. Jacobs das Heißgetränk auf Malzextraktbasis namens »Jota«. Die Meinung der Bremer darüber reimte sich einprägsamer als jeder Werbespruch: »Erst trank er Jota, dann lag er tot da.«

Judentempel → Stadtwaldsee

Jungfer Rose

»Die Rose« ist eigentlich der Kurzname für den Rosekeller im Bremer Ratskeller und den darin gelagerten Wein, den → Rosewein. Wilhelm Hauff hat in seinen 1827 erschienenen → »Phantasien im Bremer Ratskeller« das »ungeheure Faß im Rosenkeller« lebendig werden lassen, und zwar als die »Jungfer Rose«: »Und wie hatte sie sich köstlich aufgeputzt, die alte Rheinländerin! Sie mußte in der Jugend einmal recht schön gewesen seyn, denn wenn auch die Zeit einige Runzeln um Stirne und Mund gelegt hatte, wenn auch das frische Roth der Jugend von ihren Wangen verschwunden war, zwei Jahrhunderte konnten die edlen Züge des feinen Gesichtes nicht völlig verwischen.« Und wenige Absätze später wird die alte Jungfer durch den von seinem

Das Ölgemälde in der Wandnische rechts vom Rosefass malte Arthur Fitger – damit seine junge Schönheit in dem sonst sehr kunstvoll ausgeführten Bild ihre rechte Fußspitze zur Katze auf den Boden bringen kann, musste er ihr allerdings einen Oberschenkel komponieren, der in der Kunstgeschichte so schnell nicht seinesgleichen finden dürfte

Fass herabgestiegenen Weingott Bacchus zur Tafel geführt werden. In der Wandnische rechts neben dem Rosefass hängt ein Ölgemälde, das »Jungfer Rose« genannt wird. Wenn Hauffs Rose gemeint sein soll, muss es ein Jugendbildnis sein, denn es zeigt eine junge, venusgleiche Schönheit mit zwei Weinfässern. Schöpfer war der aus Delmenhorst stammende Maler und Dichter Arthur Fitger (1840–1909), der 1875 den Auftrag für die malerische Ausgestaltung des Ratskellers erhalten hatte.

Jute

stand für die 1873 in → Hemelin gegründete »Jute-Spinnerei und -Weberei Bremen«. Sie nahm zeitgleich mit dem 1888 eröffneten → Freihafen mit 636 Arbeiterinnen und Arbeitern in Walle den Betrieb auf. Die Jute florierte, und bis 1900 hatte sich die Belegschaft trotz Arbeitskräftemangels etwa verdreifacht und stieg langsam weiter auf über 2000. Möglich war dies durch Anwerbungen in Polen, Böhmen, Mähren und im Eichsfeld. Der Wohnungsbau im Bremer Westen boomte, und 1898 fand die Weihe der katholischen Kirche St. Marien am Steffensweg statt (→ kathol'scher Pudding). Die Beschäftigten der Jute (ca. 70 % Frauen) stellten vor allem Garne, Säcke und Gewebe, auch für die Linoleumfertigung, her. Das Signal der Werkspfeife gehörte zum Waller Lebensrhythmus, und viele der 450 Kinder (1912) im Kinderheim an der Nordstraße wussten daher genau, wann ihre Mütter sie abholen würden. Die Fabrik und das angrenzende → Heimatviertel wurden im Zweiten Weltkrieg zerstört. Der Neuanfang am Europahafen endete bereits 1959, und bis zum Konkurs 1996/97 produzierte die Jute ausschließlich in Delmenhorst.

Juxmajor

hat nichts mit einem spaßigen Offizier zu tun, sondern mit bremischer Mundfaulheit, hier beim Namen des Apostels Jakobus Major (= der ältere), dem Schutzpatron der Seefahrer und Pilger auf der Wallfahrt nach Santiago de Compostela. Seit dem 17. Jahrhundert ist die etwa 1,60 Meter große Holzfigur des Heiligen im → Schnoor belegt. Sie gehörte zu einem Haus, in dem Witwen auf Kosten der 1656 gegründeten Bruderschaft St. Jacobus Majoris lebten. Beim Bau des heutigen Packhauses 1863/64 wurde ihr eine Nische in der Fassade reserviert,

Der Juxmajor am Packhaus im Schnoor. Die St. Jacobi-Majoris-Bruderschaft feierte 2006 ihr 350-jähriges Bestehen und schmückte die Figur am Tag des Heiligen (25. Juli) mit einem Kranz

1965 erfolgte eine farbliche Neufassung. Das viel ältere, auf 1490
datierte und 163 Zentimeter große
Sandsteinbildnis von St. Jakobus
Major aus der Pilgerherberge
»Gertrudenhaus« steht heute
im Focke-Museum. Zwei weitere, kleinere Figuren des Heiligen
sind im Bibelgarten zwischen Dom
und → Glocke und am Neanderhaus bei der Martinikirche an der
→ Schlachte zu sehen und eine
eigene Geschichte wert, siehe
→ Jakobus Minor.

**1924 von EDUard SCHOpf gegründet,
erfand die Firma später die Verbindung von Kaffeeverkauf mit Non-Food-
Artikeln**

Kaal, Karel und Kärel

Wenn ein Bremer den Vornamen
»Karl« (statt, wie üblich an der
Weser als *Kaal*) nun schon unbedingt mit dem Buchstaben → »r«
meint aussprechen zu müssen,
dann erklingen zwei gleichlange
Silben (= *Ka-rel*). Dasselbe gilt für
den »Kerl«, der zum *Kä-rel* wird.

Kaffee

Die Hafenstädte Hamburg und
Bremen sind die beiden deutschen
Kaffeezentren – wobei letztere auf
eine etwas stolzere Vergangenheit schauen kann, denn im Jahre
1673 begann der deutsche Kaf-
feeausschank an der Weser (ein
Holländer kaufte die Lizenz dafür)
und kam erst einige Zeit später an
die Elbe. Berühmte bis legendäre
Bremer Kaffeemarken waren oder

sind: Azul-Kaffee, Eduscho, Kaffee
Hag, Kaffee Jacobs, Klipps-Kaffee,
Münchhausen-Kaffee, Onko, Ron-
ning-Kaffee und Schilling-Kaffee
(s.a. → Hag, → Jacobs-Hummel,
→ Koffi, → Krönung).
Doch zum richtigen Genuss zählt
vor allem auch die Atmosphäre,
in der er stattfindet. *Inner S-tadt*
(= in der Innenstadt, auch: *Zitti*)
lässt es sich traditionell und stil-
voll Kaffee trinken bei »Knigge«
oder »Meyer« in der Sögestraße oder bei »Bachmann« in der
Obernstraße oder bei »Stecker«
in der Knochenhauerstraße und
direkt am Markt. Dazu gibt's But-

Unten: 1923 bezog Kaffee-Schilling die Weserburg auf dem Teerhof

terkuchen oder Torte – und wer will, kann da auch ganz hervorragenden Tee bestellen.

Kaisenhäuser

Am 1. August 1945, Wilhelm Kaisens erstem Arbeitstag als Präsident des Senats, wurde per Verordnung die Einrichtung von Notwohnungen in Kleingärten gestattet. Bis 1948 entstanden so 2700 Wohnungen. Leben »auf → Parzelle« war allerdings für viele Ausgebombte schon lange vorher Realität gewesen. Im Zuge des Wiederaufbaus sollten die Parzellisten ihre Gärten wieder verlassen, aber viele wollten lieber im »Kaisenhaus« wohnen bleiben. Es kam zum Streit, und

Bürgermeister Kaisen vermittelte: Wer mindestens zehn Jahre nach 1945 in seiner ausgebauten Laube gewohnt hatte, sollte lebenslang dort bleiben und dies Recht quasi »auswohnen« dürfen. Danach würde die Wohngenehmigung im Kleingarten erlöschen. Doch irgendwie klappte das nicht. Erben machten Rechte geltend, neue Wohnungsnot kam auf, auf Ämtern wurden Augen zugedrückt – und so gibt es noch heute *so klein nüddelige Wohnhäuschen auf alten Parzellengebieten.*

Kaje (der Tränen)

Kaje (oder englisch Pier) wird in Bremen seit alters her der Kai, die Anlegestelle für Schiffe genannt.

K

Mit der »Kaje der Tränen« ist speziell die als »Große Wesermauer« 1927/28 gebaute und dann »Columbuskaje« genannte Pier in Bremerhaven gemeint. Direkt am früheren → Bahnhof am Meer gelegen, verließen dort einst Hunderttausende Auswanderer Europa für immer – und beim Ablegen der Dampfer flossen nicht selten Tränen über den endgültigen Abschied von der alten Heimat. Aber auch zur Ankunft kann es feuchte Augen geben. So im Oktober 1957, als an der Kaje ein amerikanischer Truppentransporter festmachte und Elvis Presley (an Position 700, siehe Gedenkplatte dort) seinen Armeesack die Gangway hinunterschleppte – ausgiebig bejubelt, beschrien und beweint von seinen Fans.

Im Bremerhavener Hafenalltag heißt die Columbuskaje schlicht »Colpier«, und Grund zum Heulen gibt's dort heute nicht mehr als anderswo. Höchstens vor Freude glänzende Augen, wenn dort Kreuzfahrttouristen am modernen CCCB (Columbus Cruise Center Bremerhaven) sich zum Verwöhntrip an Bord begeben.

Kapptehn

lautet die kräftig verschliffene Bremer Variante des Begriffs Kapitän. Der Rang wanderte aus der militärischen Terminologie (lat. ca-pitaneus = Anführer) in die nautische Begrifflichkeit ein. Noch im 20. Jahrhundert erhielten deutsche Steuerleute nach entsprechender Ausbildung und bestandenen Prüfungen nicht etwa ein »Kapitänspatent«, sondern die Befähigung zum »Schiffer auf großer Fahrt«. Damit war die höchste Stufe der Karriereleiter in der Handelsmarine erreicht (heute: A 6). Übrigens: Einmal im Jahr ist *Kapptehnstach in Rahtaus*. Der »Kapitänstag« findet seit 1965 jeden ersten Freitag im September statt. Im Namen des für die Häfen zuständigen Senators lädt die Bremische Hafenvertretung ihre Mitglieder, zahlreiche Gäste aus Wirtschaft und Politik und als Ehrengäste auch alle an diesem Tag im Land Bremen anwesenden Kapitäne ein, und zwar sowohl die »nassen« zur See, als auch die »trockenen«, also die Flugkapitäne.

Kärel → Kaal, Karel und Kärel

kathol'scher Pudding

»Katholischer → Pudding« oder schlicht »Vatikan« wurde am Ende des 19. Jahrhunderts im Bremer Westen das Gebiet zwischen St.-Magnus-Straße, Schönebecker Straße sowie Steffensweg und Arndtstraße genannt. Dort hatten sich viele der polnischen und der aus dem Eichsfeld und aus Böhmen zugezogenen Männer und Frauen angesiedelt, die Arbeit bei der → Jute gefunden hatten. Sie waren in der Regel katholisch, und so dauerte es nicht lange, bis für Walle und Utbremen eine eigene Kirche und Gemeinde hermussten. Im November 1898 wurde St. Marien von Weihbischof Graf von Galen geweiht. Wie stark die Gemeinde bis zum Ersten Weltkrieg wuchs, verdeutlichen eindrucksvoll die 625 Kindtaufen in St. Marien in nur einem Jahr (1913). Mit den oben genannten Straßen ist zugleich ein Teil des Stadtgebietes umrissen, in dem damals möglicherweise der alte Bremer Wutausruf »Das ist ja zum Katholischwerden!« eine Spur seltener zu hören war als im Rest der protestantisch-reformierten Stadt.

Keksdose

Keksdose wird seiner Architektur nach (also, weil es eben so aussieht wie eine) das Uni-Hörsaalgebäude am Ende des »Boulevards« zwischen »ING 1« und »GW2« genannt.

Key-Beer → Beck's

Kirchenallee

hieß bis vor wenigen Jahren noch ein kleiner Gröpelinger Weg im Ortsteil Lindenhof, in der Mitte der Ortstraße westlich von ihr abzweigend, ohne jede Hausnummer und schon lange vor seiner Löschung

Blick durch die Kirchenallee auf das imposante Verwaltungsgebäude der → Akschen (1905). Der Bau steht noch, aber arg kriegsversehrt: Zieraufbauten, Giebel, Gauben sind mitsamt dem alles überragenden Uhrturmdachreiter futsch, und auch die alten Nachbarn von gegenüber gibt es nicht mehr: Kirche und Kirchenallee

K

aus dem amtlichen Verzeichnis auch ohne Straßenschild. Namensgeberin war die im Zweiten Weltkrieg ausgebrannte und 1959 abgerissene Gröpelinger Kirche St. Nikolai, doch heute sind dort weder Allee noch Kirche zu sehen, sondern nur die zwei nördlichen Fahrspuren der Stapelfeldtstraße. Und wenn heute scherzhaft der Name »Kirchenallee« (oder »Neukirchstraße«) fällt, dann ist vielmehr die Schwachhauser zusammen mit einem Stück der Leher → Heerstraße gemeint. Immerhin reihen sich, von der Innenstadt aus gesehen, neun Gotteshäuser an ihr entlang: St. Ansgarii (→ Scharskarken), Kapelle des St. Josephs-Stifts, Synagoge der jüdischen Gemeinde, Erlöserkirche, Apostolische Kirche, St. Ursula, St. Remberti, Horner Kirche und St. Georg.

Klaben

Klaven, so weist Tilings Wörterbuch (Teil II, G – K) von 1767 nach, ist ein Ding mit Einschnitt oder Spalte, klöben bedeutet spalten. Von seinem beim Einschlagen des Teigs entstehenden Kniff über die gesamte Länge also leitet sich der Name des traditionellen Bremer Stollengebäcks ab, das seit Generationen zur bremischen Weihnacht gehört – aber nach dem

Backen keine weiße Zuckerdecke erhält. Es gibt ungezählte Rezeptvariationen, doch es heißt, es schade nie, die angegebene Menge Butter stark zu überschreiten. Apropos fettig: Traditionell gehört für das beste Teigergebnis auch Schweineschmalz hinein, keinesfalls aber (»Igitt, wie schrecklich, nein!«) Margarine. Zum Hefeteig kommt in gleicher Menge »Buntes« dazu, gemeint sind die weiteren Zutaten, nämlich Rosinen, Korinthen, Orangeat, Zitronat, Zitronenschalen, Mandeln und andere → Awecks mehr. In vielen Haushalten sprengte die Lust an Klaben die Möglichkeiten der Küche, und so war es noch vor wenigen Jahrzehnten keinesfalls unüblich, seine Teigmonster beim Bäcker um die Ecke fertigbacken zu lassen. Werner Kloosm der frühere Direktor des Focke-Museums und Kenner der traditionellen Bremer Küche bemerkte zum Verzehr: »Ob man den Klaben gern frisch oder abgelagert, mit Butter bestrichen und mit einer Scheibe Schwarzbrot verzehrt, sind private, in langer Familientradition gewonnene Lebenserfahrungen.« Einem anderen → Schnack nach ist Klaben jedoch nur kurzfristig lagerfähig – will doch der Bremer seinen Klaben haben, um sich sofort daran zu laben!

Knapp daneben ist auch vorbei. Was einst viele Soziologen, Politiker, Städteplaner und Architekten als fortschrittlich, schick und supermodern ansahen, erwies sich bald als auf zu hoch gegriffenen Ideen geplant. Doch noch heute stimmt: Wer oben wohnt, hat viel Licht und einen weiten Blick. Foto Klein Manhattans kurz vor der Fertigstellung

Klein Manhattan

Klein Manhattans gibt es in vielen deutschsprachigen Großstädten, z.B in Berlin, Wien und Köln. Auch Bremen, das in den 1970er Jahren als »Stadt des Sozialen Wohnungsbaus« galt, hat sein »Klein Manhattan«. Gemeint ist das »Demonstrativbauvorhaben«, das die Neue Heimat Bremen und die Nordwestdeutsche Siedlungsgesellschaft von 1967 auf der »grünen Wiese« direkt neben der Autobahn in Osterholz-Tenever planten. Bis

zu 4000 Wohnungen sollten dort bis zu 17 Geschosse hoch in den Himmel wachsen, aber schon in der Planungsphase trat man auf die Bremse, knapp zwei Drittel wurden realisiert. Mitte der 1970er Jahre machte sich vollends Ernüchterung breit, das Konzept hoch verdichteten Bauens ging nicht auf. Auch die vielen engagierten sozialen Ideen verfehlten ihr Ziel: Im »Kessler-Block« waren 227 (!) Wohnungen für alleinstehende Frauen vorgesehen, der Kontakt zwischen den Bewohnern sollte 4,5 Meter über der Straße von Autos ungestört auf einer Fußgängerebene stattfinden, jede Wohnung erhielt einen Tiefgaragenplatz usw. Nach jahrelangen Leerständen von bis zu 40 Prozent wurden inzwischen diverse Blocks zugunsten neuer grüner Erde in Klein Manhattan »rückgebaut«, wie heute Abrisse gern watteweich genannt werden.

Kleine Bismarckstraße

Mit 444 Hausnummern zählt die Bismarckstraße zu den besonders langen Bremer Verkehrsstrecken mit einheitlichem Namen. Von ihrem Beginn an der Schwachhauser Heerstraße verläuft sie bis zur Straßburger Straße zwei- und dann weiter vierspurig bis zu ihrem Übergang in die Stresemannstraße – denken die meisten. Denn was viele Autofahrer gar nicht bemerken: Auf der nördlichen Seite liegt zwischen Friedrich-Karl- und Straßburger Straße eine fünfte Spur. Vom Frühjahr bis Spätherbst versteckt hinter einem dicht mit Büschen und Bäumen bewachsenen Grünstreifen, führt sie unauffällig ihr verkehrsarmes Eigenleben. Sie wird fast nur von ihren Anwohnern genutzt, die sie in Abgrenzung zu den äußerst viel befahrenen Hauptspuren »Kleine Bismarckstraße« nennen. Es ist übrigens sehr lohnenswert, stadteinwärts dort etwas langsamer zu fahren und gelegentlich einen Blick durch die Büsche zu werfen: Auch die Bremer Polizei hat die Kleine Bismarckstraße für sich entdeckt, und zwar zum Aufstellen ihrer mobilen Blitzanlagen.

Kleine Weser

wird in Bremen der frühere südliche Nebenarm der Weser genannt, der heute zusammen mit dem Werdersee den Stadtwerder und den Teerhof von der Buntentorsvorstadt und der Neustadt trennt. Vor Anlage des Teerhofwehrs 1968 erhielt die Kleine Weser nur bei Weserhochwasser durch eine Flutrinne bei Huckelriede Zufluss. Die Anlage des Werdersees erfolgte 1953 bis 1960, seine Erweiterung und Verbindung mit der Kleinen Weser in den 1980er Jahren.

Kleiner Freimarkt → Freimarkt

Kleiner Roland → Rolands kleine Abkömmlinge

Klein-Mexiko

wird die 1928/29 nach Plänen des Bremer Wohnungsbauamtes zwischen Bismarck- und Benningsenstraße und zwischen Stader Straße und Bei den drei Pfählen errichtete »Westfalensiedlung« allgemein genannt. An 13 nach westfälischen Städten und Flüssen benannten Straßen liegen insgesamt 377 kleine Reihenhäuser. Von der Stadt eigentlich zur Bekämpfung der Wohnungsnot errichtet, herrschte in den teils nur 55 Quadratmeter großen Häuschen völlige Überbelegung mit bis zu zehn Personen und mehr und ermöglichte keinesfalls bremisch-bürgerliches Leben. Äußerst lebendiges Treiben der proletarischen Klasse erkannte hier das sozial besser gestellte Umfeld und gab der Siedlung naserümpfend den Beinamen Mexiko. Der mittelamerikanische Staat hatte seinerzeit Jahrzehnte von Unruhen und Regimewechseln hinter

Das junge Klein-Mexiko zwischen Bismarckstraße (oben) und Bei den Drei Pfählen

sich gebracht und wurde so als Inbegriff chaotischer Zustände verstanden.

Klinken putzen → Domklinken putzen

Klinken-Bofken → Bofken

klönen/Klönschnack
Klönen ist ein schöner plattdeutscher Ausdruck für zwanglos plaudern, z.B. über den Gartenzaun, auf dem Marktplatz oder in der Straßenbahn. Besonders nett ist das für beide Gesprächspartner, wenn eine gewisse Gleichberechtigung den Klönschnack beherrscht. Wenn nicht, dann könnte es sein, dass irgendwann der seltener zu Wort Kommende anfängt, an ganz andere Dinge zu denken. Der Klönkasten, also das Telefon, besonders das mobile, erlaubt sogar alle möglichen Tätigkeiten nebenbei, ohne den Sabbelbüdel am anderen Ende zu unterbrechen. Und wer mal darauf achtet, was einzelne Passanten oder Spaziergänger mitunter so für Informationen in ihre Handys sprechen, ahnt auch ohne telepathische Fähigkeiten, dass der Mensch am anderen Ende nicht nur körperlich abwesend sein dürfte. Manchmal scheint sogar der Sprecher mit seinen Gedanken ganz woanders zu sein. Karl Lerbs hat in einem seiner »Schrappsels« genannten Minidöntjes in bester bremischer Grammatik verdeutlicht, dass echte Quasselstrippen natürlich gar

kein Telefon benötigen und dass ihr »Gehirn auf der Zunge« auch geniale Blitze liefern kann:

»Stricken«, sagte Frau Klövekoht, »tu ich dscha ümmer gern. Da hab ich denn doch'n büschen was zu denken, währenddem dass ich rede.«

Klosterochsenumzug

Als das Bremer Franziskanerkloster St. Johannis 1529/31 im Zuge der Reformation endgültig hatte schließen müssen, wurde darin ein Krankenhaus eingerichtet. Zur Beschaffung von Finanzmitteln gestattete der → Rat im 17. Jahrhundert, dass in der Stadt Geld zugunsten des Hauses gesammelt werden durfte. Damals oder später kamen die Betreiber auf die Sponsoring-Idee, zwei Ochsen »zum Besten des Klosters« zu verlosen, und machten daraus ein jährlich zur Freimarktszeit stattfindendes Event. Um möglichst viele Mitbieter zu locken, wurden die Tiere herausgeputzt und mit Blumenkränzen geschmückt durch die ganze Stadt geführt. Damit wäre auch das Bildmotiv der riesigen Marmorvase erklärt, die seit 1856 in den Wallanlagen beim Herdentor steht. Einige Kaufleute hatten sie von dem in Bremen geborenen Bildhauer Carl Steinhäuser gekauft und der Stadt zum Geschenk gemacht. Und nur die Vase ist wohl

Die prächtige Marmorvase in den Wallanlagen erinnert an die früheren Klosterochsenumzüge

der Grund, dass der zuletzt 1871 stattgefundene Klosterochsenumzug auch im 21. Jahrhundert noch nicht ganz vergessen ist...

klungelig

oder klüngelig bedeutet so viel wie gebrechlich. Wenn jemand zunehmend klungelig wird, befindet er sich im Übergang vom alten Menschen zum Greis.

Kluten

Bremer Kluten gab es als beliebte Süßwarenspezialität schon im 19. Jahrhundert. Ein etwa zwei Würfel-

Süße Leckerei. Bremer Kluten mit Minze und Zartbitterschokolade waren in Bremen schon beliebt, als den Leuten bei einer Umfrage zu »After eight« höchstens »nine« eingefallen wäre

zucker großes Stück Pfefferminz-Fondant wird dafür zur Hälfte in Zartbitterschokolade getaucht. Carl Vahlsing betrieb jahrzehntelang eine große »Klutenbäckerei« in einem → Bremer Haus mit Tiefkeller in der Hohenlohestraße.

Klütenköm → Köm

Knallköm → Köm

Knigge → Kaffee

Knigge, Adolph Freiherr

Was der wohl dazu sagen würde, dass sein Name heute in der Regel nur dann fällt, wenn sich mal wieder alle die Köpfe darüber zerbrechen, ob nach dem Niesen »Gesundheit«, »Prost«, gar nichts oder → »Gitt, nee!« gesagt wer-

den darf. Tatsächlich lebte Knigge von 1790 an als kurfürstlich-hannoverscher Oberhauptmann und Leiter der Domschule in Bremen. Er war ein kulturbegeisterter Vertreter der Aufklärung und hatte seinen Zeitgenossen mit dem Buch »Über den Umgang mit Menschen« weniger Benimmregeln einpauken als ihnen Mut machen wollen, die eigene Würde und die anderer zu erkennen und zu respektieren. Knigge starb 1796 im Alter von nur 44 Jahren und wurde im damals noch zu Hannover gehörenden Bremer Dom begraben. Übrigens: Sollten Sie dort seine Grabplatte suchen und männlichen Geschlechts sein, nehmen Sie bitte vorher Ihre Kopfbedeckung ab. Gehört sich so.

Knipp

besteht vor allem aus dem letzten Rest vom armen Schwein, denn es kommt dem Schlachter erst in den Sinn, wenn er sich vom toten Tier die guten Stücke alle schon genommen hat. Was übrig bleibt (z.B. Lunge, Herz usw., früher auch Hirn), endet dann zusammen mit Hafergrütze, Gewürzen und Fleischbrühe als Knipp in dicken grauen Würsten. In der Pfanne schön scharf angebraten und mit Bratkartoffeln, Apfelmus und einer sauren Gurke serviert,

K

ist das Ganze eine uralte Bremer Spezialität. Wie gerade gelernt, kam einst ins Knipp auch Hirn – wer jedoch als »Knippkopp« benannt wird, der hat vermutlich von Letzterem zu wenig zwischen den Ohren, denn er ist und bleibt auf bremisch: ein Idiot.

Knoken un Plünnen, olet Isen

Ausruf der einst durch die Straßen fahrenden Altwarenhändler, ihren noch verwertbaren Müll herauszubringen, und namentlich Knochen und Stoffe sowie Altmetall (= Knoken un Plünnen, olet Isen)

Koffi

war einst häufig als bremisch-englischer Ausdruck für → Kaffee zu hören, und ist es gelegentlich noch heute, und zwar wenn es gemütlich werden soll oder im Büro eine kleine Arbeitspause ansteht: *Erstma schön 'n Tass' Koffi genehmi'ng!*

Kogge

Historischer Schiffstyp, der gern als »Lastesel« und Symbol der → Hanse zitiert wird. Klobig-bauchige Koggen-Darstellungen, z.B. auf zeitgenössischen Siegeln, bestimmten lange die Vorstellung davon. Tatsächlich wiesen spätere Koggen eine sehr viel schlankere Linienführung auf. 1962 wurde vor dem Rablinghauser Ufer gegenüber der Einfahrt zum Europahafen ein spektakulärer Beweis dafür im Weserschlick entdeckt: Baggerführer fanden große Teile eines Wracks aus dem 14. Jahrhundert. Nach und nach kamen mehr als 2000 Teile ans Tageslicht, wurden aufwendig konserviert und zu einem fast vollständigen Rumpf zusammengesetzt. Heute ist die Bremer Kogge im Deutschen Schiffahrtsmuseum Bremerhaven ausgestellt und hat drei weitgehend identische, fahrtüchtige Nachbauten erhalten (»Ubena von Bremen«, »Hansekogge«, »Roland von Bremen«).

Kohl und Pinkel → Brauner Kohl

Köm

Zuweilen auch als medizinisches Getränk angesehen, kann er bei übermäßiger Anwendung durchaus verheerende Wirkung haben. Auf Hochdeutsch heißt Köm »Kümmel« und meint einen klaren Schnaps. Von ganz anderer Art sind der Klütenköm (= Eierlikör) und der Knallköm (= Sekt).

Kommode → umgedrehte Kommode

König Richard → Boljahneum

König Otto → Werder

Kontor

leitet sich ab vom französischen Begriff für den Schreib- und Geschäftsraum eines Kaufmanns, dem Comptoir. Dies bedeutete ursprünglich »Zahltisch« (von frz. compter = zahlen, berechnen). Als Bremer Kaufleute noch bis weit ins 19. Jahrhundert hinein mit ihren Waren unter einem Dach lebten, war dort auch das Kontor. Später ging man »ins Kontor« wie heute ins Büro. Wer nostalgisch dem Kontor (bremisch: *Komtor*) nachtrauert, sollte bedenken, dass dieser Begriff einst schnöde die Skrivekammer (plattdeutsch für Schreibzimmer) verdrängte und kann sich außerdem schon mal darauf einrichten, dass inskünftig sowieso alles »Office« heißen wird.

Kranzbinden

Das Kranzbinden fand in Bremen früher am Tag vor der Trauung statt und ersetzte damit den heute überall verbreiteten »Polterabend« oder auch den Jungesell(inn)en-Abschied. Eine Freundin lud den Kreis der Freundinnen der Braut ein, und die jungen Frauen flochten gemeinsam einen Myrtenkranz für die Braut und einen zweiten, etwas kleineren, für die »Vizebraut« oder »Myrtenbraut«. Abends kam auch der Bräutigam mit seinen Freunden dazu, die unter den unverheirateten Mädchen eines auslosten, das den zweiten Kranz aufgesetzt bekam und als nächstes heiraten sollte. Dann gab es Aufführungen, Musik, Tanz – und gespannte Vorfreude auf den nächsten Tag. Der niederdeutsche Dichter Klaus Groth hatte 1859 eine Bremerin geheiratet, und einer seiner Verse zum Kranzbinden lautet:

> Nun laß im Scherz dich
> schmücken,
> Der Ernst folgt hinterher!
> Ihr Andern laßt euch sagen:
> Es blühn der Myrthen mehr!

Krawattenbunker → Peddich

man nich up'n Slips

Kreutznaer

Wer soll denn bitte so heißen? Daniel Defoe scheint keinen besonders guten Tipp für einen typischen Bremer Namen erhalten zu haben! 1719 verfasste der englische Schriftsteller seine Geschichte, in der der Schiffbrüchige Robinson Crusoe nach 28 Jahren Inselleben sein Schicksal erzählt. Gleich im ersten Absatz erklärt dieser, er hätte ursprünglich Kreutznaer geheißen. Aus guter Familie stammend, sei Vater

Kreutznaer aus Bremen nach England eingewandert, wo ihm und seiner Familie der Name zu Crusoe verbogen wurde. → *Hachott, nee, was schade – so ein fein extrafein Stück Wöltlüteratur mit ein Meierdierks oder ein Tünnermann auffe erste Seite wär man zu un zu schön gewesen.* Wie tatsächlich früher in Bremen die Menschen hießen, das wissen die Mäuse im Staatsarchiv (→ Die Maus)!

»Karin, was mache ich nur falsch?« »Tja, Mühe allein genügt nicht!« Als die Gäste das Gebräu der Freundin mal wieder nach einer halben Tasse stehen lassen, erklärt »Frau Sommer«, wie das mit dem Kaffeekochen richtig geht

kribbelig

macht jemand jemanden, wenn er sich mit einer Sache dusselig anstellt und der andere meint, an dessen Stelle diese längst erledigt zu haben, z.B. das Annähen eines Knopfes oder das Parken des Wagens.

krischa

heißt hochdeutsch »du kriegst ja«, z.B. »zu viel«, »die Motten« oder *gaa nix ab, du Schnorrer!*

Krönung der Kaffeehauptstadt

Vom Adel und seinem Drumherum muss man in einer alten Stadtrepublik wie Bremen nicht viel halten. Stolz ist man hier auf Kaufmannsgeist und Ideen, die Geld bringen: Eine solche hatte die Firma Joh. Jacobs & Co., als sie sich 1966 den Namen »Krönung« für ihre neue Handelsmarke ausdachte. »Karin Sommer« zeigte dann ab 1972 in allen Medien, wie schön das Hausfrauenleben sein kann, wenn nur die Krönung mit von der Partie ist. Ganz nebenbei wurde Jacobs zum größten deutschen Kaffeeproduzenten und Bremen zur »Kaffeehauptstadt«. Fußnote dazu: Frau Sommer war in Wirklichkeit weder Hausfrau noch Schauspielerin, sondern erfolgreiches Wiener Fotomodell (»Miss Austria« 1963) und musste hochdeutsch synchronisiert werden.

Krüppel, Friesenhäuptling, Bösewicht

Ja, ja, der Krüppel, wie die Gestalt → *mang* → Roland seine Füße gern genannt wird… Seit Genera-

Was ist das denn für einer? Während manche in Rolands Gesicht schon die Züge des früheren Bundespräsidenten Walter Scheel entdeckt haben, gibt es über die Gestalt zwischen des Recken Füßen gleich mehrere Überlegungen

tionen fragt man sich, wessen Gesicht, Rücken und Hände da wohl zu sehen sind. Manche sagen, es sei einer der friesischen Häuptlinge, an deren Unterwerfung Bremen sich in der Zeit vor der Aufstellung des Riesen 1404 einst beteiligte, andere sagen, er sei der Krüppel, der für Bremen → Gräfin Emmas Schenkung der Bürgerweide rettete, und wieder andere sagen: An mittelalterlichen Darstellungen edler Helden und Heiligenfiguren finden sich immer mal gegensätzliche Abbildungen, die so das Gewöhnliche oder gar das unsichtbare Böse versinnbildlichen sollen.

Kükenragout

Für diese *fein bremüsche* Spezialität kommen Stubenküken

(Huhn mit weniger als 650 Gramm Schlachtgewicht und so genannt, weil Bauern einst ihre Küken im Winter in der Stube hielten), dazu Flusskrebsschwänze, Rinderzunge und → Granat in den Topf. Als Gemüse passen Schwarzwurzeln oder Spargel. Dass Kükenragout wohl gern in Gesellschaft gegessen wurde, lässt Betty Gleims 1817 in zweiter Auflage erschienenes »Bremisches Kochbuch« erahnen – dort findet sich das Rezept mit Mengenangaben »für 18 Personen«.

Kump

im Bremer Platt eine große Schüssel, nicht zu verwechseln mit der niedersächsischen henkellosen Tasse dieser Bezeichnung

Kunterschaft

kennen alte Bremer noch als die volkstümlich bremische Bezeichnung für den → vigelinsch auszusprechenden französischen Straßennamen → »Contrescarpe«.

Küste (Küsten- und Diskomeile)

Rund 150.000 Seeleute kamen im Verlauf jedes der 1950er/60er Jahre in die Stadt. Nach Wochen und Monaten Fahrt hatten sie die »Taschen voller Geld«, und das saß vielen der Männer an der Bremer »Küstenmeile« ziemlich locker. So (oder

L

kurz: »Küste«) wurde der Bereich der Nordstraße in Höhe Waller Ring mit seinen 20 bis 30 teilweise Tür an Tür gelegenen Bars und Kneipen genannt. Direkt von der Kaje des Holz- und Fabrikenhafens führte der → Stinkbüdelmannsgang in Richtung »Arizona-Bar«, »Elefant«, »Krokodil« oder »Golden City«. Letzteres übrigens ganz klassisch mit Maschendraht vor der Bühne, nachdem wegen Kritik an der Leistung der Band ein Stuhl auf die Bühne geflogen war. Heute noch weniger vorstellbar: Da bis 1973 das Kuppeleiverbot galt, durften Prostituierte generell keine Zimmer oder Wohnungen anmieten. So fanden die Geschäftsbeziehungen mit → »Damen vom Ballett« in nahen Hinterhöfen, → Parzellen und Hühnerställen statt. Zwar bestehen einige der Lokale noch immer, aber die wilde Zeit der »Küste« ist längst Vergangenheit, und wer heute »Meile« sagt, meint die Bremer »Diskomeile«, deren Bars und Diskotheken Gäste aus ganz Bremen und Umgebung locken. Sie verläuft links und rechts des Breitenwegs auf beiden Seiten der → Hochstraße zwischen Rembertistraße und Herdentorsteinweg. Doch bevor Sie nun wochenends zum Erkundungsgang losziehen, lassen Sie unbedingt Ihre Kampfmesser, Gaspistolen und Schlag-

ringe zu Hause, denn nach diversen Schusswechseln und Messerstechereien auf der Meile gilt dort seit 2009 das generelle Verbot von derlei Nettigkeiten, selbst wenn diese nicht waffenscheinpflichtig sind.

Landtag → Bürgerschaft

Langer Jammer

Manche Strecken wollen einfach nicht zu Ende gehen, vor allem, wenn man zu Fuß auf einem schnurgeraden, abwechslungsarmen Weg unterwegs ist. Durch ständiges Jammern wird der zwar nicht kürzer, aber irgendwie muss das Anzapfen der letzten Kraftreserven schließlich kompensiert werden. Lange Jammer gab und gibt es in vielen Orten und Städten, in Berlin z.B. eine 505 Meter lange überdachte Fußgängerbrücke (auch »Angströhre« und »Rue de Galopp« genannt, 2002 abgerissen), in Hamburg erhielten Wohnblöcke die Bezeichnung und vor Lübeck ein Teil der Wakenitz. In Bremen bekam die Lilienthaler Heerstraße, und zwar deren 2000 Meter zwischen Horn-Lehe und Borgfeld diesen Namen. Man beachte dabei: Auf der Strecke sind Fahrrad, Straßenbahn und Auto deutlich jüngere Erfindungen als der Seufzer: *Was für'n langen Jammer!*

langsamerhand

allmählich

Laternelaufen

tun alle kleinen Kinder gern. Sobald im Herbst die Tage kürzer
werden, sieht man ganze Kinder-
gartengruppen gemeinsam durch
die Straßen ziehen. Früher gingen
die Kleinen von Haus zu Haus und
erbaten sich die nötigen Kerzen
und unterstützten ihre Bitte mit
dem Lied:

> Sonne, Mond und Sterne
> Erleuchten die Laterne.
> Wer will diese Pracht
> erleben,
> Muss'n Stummel Licht
> ausgeben
> Oder einen Groten
> In die kleinen Poten
> Oder einen halben
> Für die kleinen Schwalben.
> Lasst uns nicht so lange
> stehn,
> Denn wir müssen
> weitergehn.

Lehster Deich/An'n Graaben

Wie bitte, »Lehster Deich« steht
nicht im Bremer Straßenregister?
Nein, denn das Ding schreibt sich
korrekt nämlich »Lehester Deich«,
und *sowieso gehört noch 'n »Am«
ganz vorne wech. Sacht aber beides niemand, is auch wörklich zu*
→ *um.* Gegenteilig verhält es sich

im Fall der Burg-Grambker Straße
»Am Graben«. Die gibt's in dieser
Schreibweise auch nicht im amtlichen Straßenverzeichnis, sondern
da steht: »An'n Graaben«. *Da soll
einer durchfinn'n...*

Lesmona, Sommer in

In Urkunden des Mittelalters vari-
ieren regelmäßig die Schreibwei-
sen von Ortsnamen. Das gilt auch
für Lesum, einst Dorf und heute
Bremer Ortsteil am rechtsseitigen
Lesumufer kurz vor der Mündung
in die Weser bei Vegesack. Lista-
mona, Liestmunde und Liesmun-
de finden sich als Namen vom 9.
bis zum 11. Jahrhundert. Latini-
siert hieß das Dorf Lesmona, und
dass dieser Name noch heute
in Bremen gut bekannt ist, liegt
gleich doppelt auch an »Sommer
in Lesmona«. Zunächst ist da die
traurig-schöne Geschichte der
jungen Bremer Kaufmannstochter
Magdalene Pauli, geb. Melchers
(1875–1970). Die durchleidet in
der Lesumer Sommerfrische der
Familie eine unerfüllte Liebe und
verwandelt ein halbes Jahrhundert später ihre damaligen Mäd-
chenbriefe in den äußerst erfolgreichen autobiografischen Roman
»Sommer in Lesmona«. Wer sich
heute an den Ort und in die Zeit
der Handlung, nämlich das Lesum
der 1890er Jahre, zurückversetzen

L

Wenn es wieder heißt »Sommer in Lesmona«, verwandelt sich Knoops Park in einen lebenden Landhausstil-Katalog gehobener Art

möchte, der sollte rechtzeitig bei Sommerbeginn die Bremer Veranstaltungskalender studieren. Jedes Jahr findet nämlich unter dem Titel »Sommer in Lesmona« in Knoops Park ein Konzert der Deutschen Kammerphilharmonie Bremen statt, zu dem das Publikum hübsch historisch oder zumindest luftig sommerfestlich kostümiert erscheint, um üppig vor der Bühne zur Musik zu picknicken. Wer davon noch nicht genug hat, bleibt und genießt im Anschluss ans Konzert die Vorführung der 1985 entstandenen Verfilmung des Briefromans. Nur durch Zufälle erhalten sich manchmal Namen und Begriffe, während andere untergehen, oder wie viele Leute kennen Sie, die wissen, was → Visurgis oder → Werser heißt?

Leukoplastbomber → Borgward

Lloyd, Automarke → Borgward

Lloyd, Reederei → Norddeutscher Lloyd

Lloydbeamte → Norddeutscher Lloyd

Lobe den Herren

ist ohne Zweifel das bekannteste deutsche Kirchenlied. Bremern schadet es nicht, zu wissen, dass sein Dichter in ihrer Stadt geboren wurde. Joachim Neander war von 1679 bis zu seinem Tod im Jahr darauf Pastor an St. Martini und wohnte im später nach ihm benannten und noch heute erhaltenen Haus am Chor der Kirche an der → Schlachte. Zuvor hatte er in Düsseldorf erfolgreich gelehrt und gepredigt. Östlich davon durchfließt die stadtnamengebende Düssel ein früher »Hundsklipp« oder nur »Klipp« genanntes Tal. Dies hatte Neander so gut gefallen, dass er ihm mehrere Lieder widmete und dort mehrfach unter freiem Himmel predigte – das wiederum freute die Düsseldorfer so sehr, dass sie Mitte des 19. Jahrhunderts gleich das ganze Tal nach dem Bremer umbenannten. Und als dann der Brite Charles Lyell zu dieser Zeit die 42.000 Jahre alten Überreste eines Unbekannten fand, den alle Schulkinder als »Homo neanderthalensis« kennenlernen müssen, wurde der Pastor von der Schlachte nun wirklich für alle Zeiten unsterblich.

Lu

heißt die Stelle, an der Bremer Kinder beim *Kriegenspielen* nicht *getickt* werden können.

Lü

Mit *Lü* oder *Lüe* benennt der Bremer niederdeutsch die anderen Bremer – die »Leute« halt. Wer an der Weser zu Leuten *Lü* sagt, der sagt zu Menschen bremisch *Minschen*. Über den Umgang mit diesen hat → Knigge 1788 geschrieben, und schon er dürfte über das berühmte Problem nachgedacht haben: Do wat ji wullt, de Lüe snackt doch!

Luschen

sind zu bedauern. Sie können die Erwartungen einfach nicht erfüllen und schaffen nichts Rechtes. Neudeutsch werden sie »Looser« genannt.

Lüttje Krauters

freundliche Bezeichnung für kleine Kinder

Lüttjen nehmen

meint, mal eben einen Kleinen heben (z.B. ein, zwei → Köm).

luur'n

kommt von lauern und heißt warten. Eine Bremer Redewendung lautet *Da luur up* und heißt so viel wie: »Da kannst du lange drauf warten« oder »Denkst du vielleicht!«. Angeblich wurde sie in Bremen durch das Schild über dem Eingang des früheren Doventorsfriedhofs bekannt. Unter dem darauf zu lesenden Spruch »Droben gibts ein Wiedersehen« ergänzte jemand eines Tages (oder Nachts) die Zeile: »Da luur up!«

Makker → Gang

mall

bekloppt

man (ein)

Das Wort »man« kann im Satzverlauf sowohl als skeptisch-einschränkendes »aber« als auch im Sinne eines bestärkenden »tatsächlich« oder »doch« verwandt werden. *Klingt man komisch diese Erklärung, hm, aber stümmt man örgentwie auch, oder?* Das Wörtchen ist man in ganz Norddeutschland ein enorm wichtiges (man = also, mithin). In: *Der soll mir man nicht inne Quere kommen!* heißt es

M

»nur« oder »ja« und wirkt verstärkend, ebenso in der Warnung: *Man nicht mit → bemengelieren.* Oder zum Am-Kinn-Reiben: *Das ist man → miströs.* Das zauberhafte Wort ist aber noch längst nicht am Ende seiner Möglichkeiten. So kann z.B. *Das tu man!* sowohl die Ermunterung zu einer Tat (»Sicher, das solltest du machen!«) ausdrücken als auch eine Missbilligung (»Tu doch, was du nicht lassen kannst!«). Natürlich macht da in erster Linie der Ton die Musik. *Auf den muss ein nömmich fein achten* und lernt in diesem Augenblick noch nebenbei, dass das hochdeutsch unbestimmte »man« in der Hansestadt ohne Bedenken durch ein bremisches »ein« ersetzt werden kann.

Man zu!

Die Miniwörtchen → man und → zu sind für sich genommen in der *bremischen Sprachwölt* schon zwei besondere Stücke. Zusammen kommen sie in der ebenso schönen wie merkwürdigen und häufig vorkommenden Wendung »Man zu!« (oder auch: »Denn man zu!«) vor. Wenn kein sarkastischer Ton mitschwingt, dient sie als wohlmeinende oder zumindest als tolerierend zustimmende Aufforderung, in erklärter Art und Weise etwas anzugehen oder darin fortzufahren.

mang, amang(s), mittenmang

Mang steht plattdeutsch für zwischen, z.B. der → *Krüppel mang → Roland seine Füße. Amang* heißt dazwischen, ist unbestimmter und manchmal auch mit einem »s« zu hören: *... un mitt'n mal war ich amangs die Streithähne.* »Mittendrin« heißt dementsprechend *mittenmang.* Und dann gibt's ja noch die alte Gruppenregel: *Mang uns mang is keiner mang, der nicht mang uns mang gehört.* Und dann wird es für den, der nicht *mang die anners* gehört, bald heißen: → *Bumms, büst buten.*

Manitu, der große

wurde Bremens langjähriger Bürgermeister Hans Koschnick immer wieder genannt, seit die Journalistin Lilo Weinsheimer in der »Frankfurter Rundschau« diesen Beinamen für ihn kreierte, und der »Spiegel« reimte einst: »Der Hans, der kann's«. Koschnick, geb. 1929, war von 1967 bis 1985 Präsident des Senats, wechselte dann in den Bundestag und gehörte dem Bundesvorstand der SPD an. Vor allem sein europapolitisches Engagement, sein Einsatz für die Verständigung mit Israel und seine Tätigkeit als EU-Beauftragter für die Stadt Mostar verschafften ihm auch außerhalb

Bremens hohe Anerkennung und Ehrungen. Koschnick stammt aus Gröpelingen und ist auch seiner Sprache nach ein echtes Bremer Kind geblieben. Seine nuschelig-bremische → Aussprache ist hinreichend bekannt, und deshalb reicht hier das Zitat zweier seiner Spitzenleistungen: »Bundesausmister« für den Bundesaußenminister und das »Übermuseum« für das Übersee-Museum. Wie der große Manitu der Bremer Politik während seiner Amtszeit das Wort Bundespersonalvertretungsgesetz in weniger als der Hälfte der vorgeschriebenen Silben häufig hersagte, ist schriftlich nicht wiederzugeben – aber mit seiner Aussprache dieses Begriffes konfrontiert, sagte der schlagfertige Regierungschef der → Freien Hansestadt Bremen, er sei dafür auch der einzige Ministerpräsident, der sachkundig darüber reden könne.

Männer vom Morgenstern

»Zum Schloss Morgenstern« hieß der Weddewardener Gasthof, in dem sich im Jahr 1882 eine gesellige Herrenrunde um den Schriftsteller Hermann Allmers (→ Marsch) zusammenfand und beschloss, sich den Namen »Männer vom Morgenstern« zu geben. Doch es sollte nicht bei einem launigen Stammtisch bleiben, sondern bis heute entwickelte sich daraus die kulturell sehr weitreichend in Niedersachsen und Bremen tätige Vereinigung »Männer vom Morgenstern – Heimatbund an Elb- und Wesermündung« mit Sitz in Bremerhaven. Dem Verein gehören heute mehr als 1300 Mitglieder an (auch Frauen übrigens), er unterhält eine Bibliothek und lässt ein Jahrbuch und Sonderveröffentlichungen erscheinen. Aus dem 1902 in Geestemünde gegründeten Morgenstern-Museum ist das heutige Historische Museum der Stadt Bremerhaven hervorgegangen.

Marcus-Brunnen

Bremen hat zwei davon, einer steht im → Bürgerpark, das weiß jeder, aber auch der → »Taxibrunnen« auf dem Liebfrauenkirchhof heißt eigentlich Marcus-Brunnen, denn beide stiftete Bürgermeister Victor Marcus (1849 – 1911), an den auch die Marcusallee erinnert. Nur die ebenfalls nach ihm benannte Marcuskaje, die gibt's nicht mehr. Sie säumte einst die Südseite des Überseehafens und ging mit ihm 1998 für immer verschütt (→ Überseestadt).

Markt

wird in Bremen kurz der Marktplatz genannt, oder fast jedenfalls, denn ganz genau heißt es: Maak'.

M

Wer davon träumt, seine Brötchen mal als »Chef« auf einer »Teppichetage« zu verdienen, kann hier sehen, dass es noch viel schönere Ziele zu erreichen gibt

Marmoretage

In Firmen und Behörden werden die wichtigen Entscheidungen bekannterweise in der »Teppichetage« getroffen, dem Refugium der Chefs. Für Bremen wichtige Entscheidungen fallen häufig in der »Marmoretage«. So wird im Rathaus das erste Obergeschoss mit dem glatten und edlen Bodenbelag genannt. Direkt an der Wandelhalle liegen die Büros des Bürgermeisters und seiner Mitarbeiter, auch das Sitzungszimmer des Senats. Vor den Fenstern an der Marktseite steht der frühere Bürgermeister Johann Smidt (1773–1857), und zwar als Statue in weißem Marmor, und dürfte in dieser Erscheinungsform einen gewichtigen Beitrag zur Benennung der Etage geleistet haben.

Marsch

ist alles, was nicht → Geest ist, sondern platt, wasserreich und fruchtbar. Die Marsch prägt das Land links und rechts der Weser auf ihrem Lauf zur Nordsee, sorgt für fette Weiden, einen riesigen Himmel und viel Platz für frischen Wind. Wer diesen als Radtourer von vorn hat, fängt bald an zu schimpfen. Besser ist es, an einem schönen Tag im Gras liegend, den Wolken nachzuträumen. Das tat sicher auch der 1821 geborene Rechtenflether Bauernsohn Hermann Allmers, lange bevor er Schriftsteller wurde und 1857 sein berühmtes »Marschenbuch« verfasste, dem später weitere Werke folgten. Allmers starb 1902, der große Rechtenflether Hof ist heute Sitz der Hermann-Allmers-Gesellschaft. Bremerhaven, Cuxhaven und der Landkreis Cuxhaven vergeben zweijährlich den »Hermann-Allmers-Preis« für besondere Leistungen zur Heimatforschung (s.a. → Männer vom Morgenstern).

Maskupdräger → Schlachte

Maus → Die Maus → Dom-Maus

Mäuseturm

wird seit jeher der Molenturm an der Einfahrt zum Wendebecken beim früheren Übersee-

Der schiefe Mäuseturm nach dem Unfall von 1925

per »Flüstertüte« den Lotsen der einfahrenden Schiffe den Liegeplatz zu. Ob er das auch am 6. April 1925 versuchte, bevor ein englischer Frachter bei schlechter Sicht den Turm rammte, ist nicht bekannt. Der Wärter blieb unbeschadet, aber der Mäuseturm war im Eimer und erhielt einen Neubau an selber Stelle. Heute weist dort in 14 Metern Höhe vollautomatisch ein grünes Einfahrtsfeuer den vorbeifahrenden Schiffen den Weg.

Meeskenkiste → Priölken, Meeskenkiste und Uhlenlock

Meier, nach Tante

Wer sagt: *Ich muss ehm nach Tante Meier*, muss schnell »verschwinden«, *nemmich auf To'ledde*.

Meierdierks

ist mit rund 80 Einträgen im Bremer Telefonbuch kein seltener Nachname, aber so richtig beliebt und in aller Ohren war er, als Radio Bremen von 1952 bis 1954 sonnabends um 20 Uhr »Die Familie Meierdierks« ausstrahlte. Die Radio-Saga aus der Feder von Hans-Günther Oesterreich erreichte regelmäßig traumhafte Einschaltquoten von bis zu über 60 Prozent, und dann schmetterte aus den pünktlich angeheizten

»Ganz schön groß, so'n Schwimmkran, nech?!« Abtransport des beschädigten Molenturms mit einem eigens aus Wilhelmshaven angeforderten 250-t-Krangiganten am 25. April 1925

hafen genannt. Vor Einführung von Megafon und Sprechfunk rief der Turmwärter von dort aus

Der »Straßenfeger« wurde auch gedruckt. Zerlesene Ausgabe von »Die Familie Meierdierks«, 1953

»Dampfradios« die Erkennungsmelodie mit diesen schönen Versen:

> Ja, am Wochenend
> kommen Meierdierks
> als Besuch in jedes Haus.
>
> Jedes Wochenend
> schlagen Meierdierks
> das Familienalbum auf.
>
> Vadder schümpft un Mudder s-töhnt,
> wenn die Quark-Gesine klönt,
> Jan erzählt den neusten Kohl,
> alles schreit und fühlt sich wohl!

> Ja, am Wochenend
> in Brehm (= Bremen)
> da kann man was erlehm
> (= erleben)!

Meile → Küste

Meise, Gelbe

war der Name des von der Tanzschule »Schipfer-Hausa« Ende der 1960er Jahre in ihren Räumen an der → Contrescarpe eingerichteten Jugendclubs. Wie dem Namen unschwer zu entnehmen, verstand sich die Gelbe Meise als eine Art (bürgerliche) Antwort auf die provokante und beliebte Diskothek und Jazzbühne Lila → Eule. Auch bei Schipfer-Hausa wurde getanzt, geraucht und diskutiert – allerdings nicht in tiefer Nacht, sondern brav am Sonnabendvormittag.

Messer → Aussprache, spitze Steine und Betonung

Milchquartier

Das Milchquartier liegt im → Vöddel im Bereich zwischen Beim Paulskloster, Mozart- und Bleicherstraße und heißt nach einem Milch verarbeitenden Betrieb, der einst an der Straße Beim Paulskloster 10/11 lag. Der Name entstand, als Anfang der 1970er Jahre die »Mozarttrasse« die Bremer Gemüter erregte. Dort, wo heute die ruhige Mozartstraße verläuft, sollte eine vierspurige Straße die Gegend breit zerschneiden und über eine neue Weserbrücke auf den Stadtwerder und weiter bis zur Neuenlander Straße führen. *Ischa nich mööglich*, könnte man heute denken, aber ergibt sonst der Rembertikreisel einen Sinn? *Siehste, das war ganz schön knapp damals mit dem Bau der Mozarttrasse, denn im Kreisel hätten die Autos Schwung geholt, um dann übere Weser bis inne Neustadt zu rollen.* Nach viel Protest und Hin und Her hatten die Gegner obsiegt und wurde 1975 der »Bebauungsplan 1501 – Milchquartier« beschlossen. Er sah vor, dass dort, wo schon vor dem Ersten Weltkrieg Kuhställe gelegen hatten, keine Trassenschneise, sondern neue Wohnhäuser entstehen sollten. Damit waren die Planungen für die »Osttangente« (Verbindung von Neuenlander Straße und → Hochstraße Breitenweg) gestorben. Der Charakter des Viertels blieb erhalten und sieht an vielen Ecken weiterhin so aus wie zu Omas Zeiten. Und wer auch noch einholen will wie vor 100 Jahren, muss nur ein paar Schritte vom Milchquartier entfernt zu »Wilhelm Holtorf« laufen, dem 1874 gegründeten Kolonialwarenladen am Ostertorsteinweg 6.

Millionen-Willi → Ökelnamen

Minschen → Lü

Missingsch

Am 4. Januar 2008 schrieb eine Leserin an den »Weser-Kurier«, wie sich Missingsch Bremer Prägung anhört. Die Zeitung war zu Recht ihrer Meinung und ließ den Text in ihre Rubrik »Tach auch« einfließen: »Missingsch, das is, wenn de midde Bahn übere Domsheide annen Sonnabend nach Kede zu der ihrn Geburtstach fahrn tus.« Recht hat die Dame, so muss das klingen. Ada Halenza (→ Döntje) hat seit den 1950er Jahren ihre Geschichten in diesem Stil verfasst. Im Missingsch verschmelzen Hoch- und Plattdeutsch zu einer Mischsprache, in der plattdeutsche Satzkonstruktionen einfach ins Hochdeutsche übertragen werden: Aus plattdeutsch »Kannst nix bi moken« wird entsprechend missingsch: *Kannste nichts an machen.*

Wo das Wort genau herkommt, weiß man nicht, aber interessant ist vielleicht, dass das plattdeutsche Wort für Messing »Missing« lautet. Und wie Kupfer und Zink zusammen die Legierung Messing ergeben, so vereinen sich eben Platt- und Hochdeutsch im Missingsch.

M

miströs

oder *mistirös* ist bremisch für etwas, das geheimnisvoll ist oder einem zumindest nicht ganz geheuer
vorkommt – wie z.B. die Tatsache,
dass an der Weser das Fremdwort
»mysteriös« mitunter so rück-
sichtslos verstümmelt zu hören ist.

miteins, mit'n maal

plötzlich, auf einmal

mittenmang → mang, amang,

mittenmang

Möhre

ist die heute nicht mehr ge-
bräuchliche Mehrzahl von Moor.
Das bekannteste Moor im Raum
Bremen ist das Teufelsmoor bei
Worpswede. Es wurde im 18. Jahr-
hundert durch den legendären
»Moorkommissar« Johann Chris-
tian Findorff (1720–1792) und die
Anlage von mehreren Siedlungen
erschlossen. Für das andernorts
Möhre genannte Gemüse siehe
→ Wuddeln.

Moin → Tach auch!

Momang

steht frei französisch-bremisch für
einen bestimmten Zeitpunkt oder
kurzen Augenblick: *Nur ein Mo-
mang nich aufgepasst, un schon
war's Malöör passiert!*

Mööch → Mülch

Moorexpress

Der Moorexpress ist eigentlich
kein bisschen bremisch, aber die
Fahrt im historischen Triebwagen
durch das nordwestliche Umland
der Hansestadt ein echter Genuss.
Von 1909/11 an als »Kleinbahn Os-
terholz-Bremervörde« unterwegs,
gab es von 1952 bis 1971 auch eine
durchgehende Verbindung Bremen–Stade. 1978 stellte das inzwischen als Bremervörde-Osterholzer
Eisenbahn GmbH firmierende Unternehmen die Personenbeförde-
rung zugunsten einer Busverbin-
dung ein. Aber seit 1999 fährt der
Moorexpress wieder während der
Sommermonate Ausflügler von Bremen über Worpswede und Gnarren-
burg nach Stade und zurück. Prädikat: sehr empfehlenswert.

Moorlosenkirche

Die Kirche mit dem aufdringlichen
Hinweis im Namen, dass sie kein
Moor hat, liegt auch nicht in einem solchen, sondern direkt am
Weserdeich am Rande des Werderlandes im Stadtteil Burglesum.
Schon seit dem 16. Jahrhundert
gibt es die Bezeichnung »Moorlo-
se Kirche«. Es wird vermutet, dass
es sich auf »mutterlos« bezieht,
das plattdeutsch mudder- oder
moderlos heißt und sich zu *mo'*

Die Moorlosenkirche

los verschleifen lässt. »Mutterlos« deshalb, weil die alte, schon im 14. Jahrhundert erwähnte »Bürener Kirche« durch eine Veränderung des Flusslaufs von ihrer Mutterkirche in Altenesch am linksseitigen Weserufer abgeschnitten worden sein könnte. Vielleicht war es aber auch so, wie die örtliche Sage den Namen erklärt: Als Büren endlich eine eigene Kirche erhalten sollte, stritten die Nieder- und die Mittelsbürener Bauern ewig um den Standort, bis einer genug hatte und sagte: »Jetzt überlassen wir's dem lieben Gott, es geht schließlich um eine Kirche! Wir gehen den Deich entlang und gucken, ob er uns ein Zeichen gibt.« So zogen sie los. Nach einer Weile hörten sie ein Geräusch vom Ufer der Weser und entdeckten einen angetriebenen Korb, in dem ein irgendwo stromaufwärts ausgesetztes Kind erbärmlich brüllte. Das war das Zeichen, und der Fund des mutterlosen Findelkindes hatte nicht nur für den Standort, sondern praktischerweise auch gleich für den Namen der Kirche gesorgt. Doch was auch immer »mutterlos« bedeuten mag, sicher ist der 1846/47 neu errichtete Backsteinbau seit dem Verschwinden des alten Mittelsbüren durch die Ansiedlung der Klöcknerhütte in den 1950er Jahren eine weitgehend »dorflose« Kirche. Und so einsam und verloren sie heute am Weserdeich liegt, so ein schönes Ausflugsziel gibt sie ab. Einfach bei der Lesumbrücke in die Burger Heerstraße abbiegen und dann immer die Lesumbroker und später die Niederbürener Landstraße entlang mit dem Rad oder Auto (oder vom Dunger See ab zu Fuß über den Naturlehrpfad durch die Marsch des Werderlandes) – nach etwas mehr als acht Kilometern sind die Moorlosenkirche und das benachbarte Ausflugslokal erreicht.

Moppenonkel

Wie bei → Oma Hocke etwa zwei Generationen später, galt zuvor beim Moppenonkel, dass man in Bremen erst wirklich → Freimarktsstimmung erfahren konnte,

J.H. Vajen reimte als »Moppenonkel«, was das Zeug hielt

wenn man ihn seine Ware ausrufen hörte. Von 1884 bis 1913 an verkaufte Johann Hermann Vajen auf dem Liebfrauenkirchhof seine »Moppen«, ein walnussgroßes, mit einer halben Mandel verziertes Sirupgebäck. Vajens Markenzeichen war ein großes Repertoire an Reimen, mit denen er seine Waren anpries und so die Kundschaft unterhielt.

Morgenstern → Männer vom Morgenstern

Mozarttrasse → Milchquartier

Mudder Cordes

war ein berühmtes Bremer Original und lebte in der Neustadt.

In Oberneuland 1815 als Metta Behrens geboren, heiratete sie 1833 einen Bremer Zigarrenmacher. Als Mutter von fünf Kindern wurde sie Witwe. Drei Töchter und ein Sohn gingen ins Waisenhaus, ihren jüngsten, zweijährigen Sohn und sich selbst ernährte sie durch einen winzigen Grünhandel aus einem Handkarren. Von 1860 an zog mit »Sultan« ein großer Hund den Wagen, und nach dessen Tod 1866 bekam sie von einer Neustädter Sterbegenossenschaft einen Esel geschenkt. »Mudder Cordes« kaufte einen Wagen und erledigte mit ihrem »Anton« leichte Fuhren, und zwar noch als 80-Jährige. Nach einer Verletzung bei einem Zusammenstoß mit der

Die Neustädter Kleinfuhrunternehmerin Metta Cordes mit ihrem Wagen und Esel »Anton«

Straßenbahn gab sie 1895 ihr Geschäft auf und zog zu ihrer Tochter nach Delmenhorst. »Anton« wurde eingeschläfert, präpariert und im Überseemuseum ausgestellt. Metta Cordes, deren Lebensmotto »Immer heiter, Gott hilft weiter!« lautete und die zur Abwehr von Kindern, die ihren Esel ärgerten, immer eine Schöpfkelle im Wassereimer unter ihrer Kutschbank parat hatte, starb 1905 kurz vor ihrem 90. Geburtstag. Seit 1987 erinnert in der Knochenhauerstraße ein Denkmal an die berühmte Neustäderin und ihren Esel.

Mühlsteinkragen → Bofken

muksch
ist, wer beleidigt ist.

Mülch (oder Mööch)

sind als Begriffe in Bremen ungelogen für »Milch« zu hören. Ärgerlich: *Mönsch, die Mülch is auf'n Tüsch um-küpp.* Sauer: *Die Mööch hat'n S-tich!* Die Lösung: *Macht dscha nix, muss' dick stelln*, denn einst, als es noch gar nichts anderes gab als Biomilch, blieb sauer gewordene Milch einfach stehen. Und zwar so lange, bis sie als »Dickmilch« zu einer jogurtartigen Leckerei geworden war, die am besten mit etwas Zucker und Schwarzbrotkrümeln genossen wurde.

Muscha

ist ohne Zweifel eines der besten Worte in der Stadt! Wer es zu hören bekommt, darf die ganze Liebenswürdigkeit der zungen-

N

faulen Bremer genießen. Mit einem *Muscha* als Antwort auf ein »Wie geht's?« gelingt immer eine neutral-freundliche Entgegnung, während hinter einem gepresst geknurrten *Skee-zo* eine Menge Unangenehmes versammelt zu sein scheint, zumindest aber ein gerade schlecht gelaunter Mensch, wenn nicht gar ein → Nieselpriem.

Muschepunt

ist altes Bremisch für einen »kleinen Kerl«, »Pöks« oder »Knirps«. Der Herr ist so klein, dass man ihn kaum wahrnimmt, so klein wie ein Punkt eben. »Herr Punkt« klingt aber nicht so schön wie seine französische Entsprechung als »Monsieur Point«, die in der vernuschelten Bremer → Aussprache kurzerhand zum auf der dritten Silbe betonten Muschepunt wurde. Aber der Begriff konnte noch mehr, nämlich den drohenden Satz: »Sieh dich vor!« ersetzen. Wer ein scharfes und Silbe für Silbe ausgesprochenes »Musche-punt!« hörte und körperlich schwächer war als der Sprecher, hatte als klügerer Bremer bei »-punt« schon nachgegeben (oder saß als feiges Exemplar bereits auf dem nächsten Baum).

Myrtenbraut → Kranzbinden

nackter Hitler

1936 wetterte Hitler öffentlich gegen die »entartete« Bremer Kunst in der Böttcherstraße (→ heimliche Hauptstraße). Der im Auftrag von Ludwig Roselius dort maßgeblich wirkende Bildhauer und Architekt Bernhard Hoetger war nicht nur schwer enttäuscht darüber, sondern bekam es vor allem mit der Angst vor dem Zorn des Diktators zu tun und tauschte umgehend seine expressionistische Eingangsskulptur »Lichtspiel« gegen den noch heute dort befindlichen »Lichtbringer« aus. Die figürlich klare Darstellung einer unbekleidet als eine Art unchristlich-flügelloser Erzengel Michael, dem Schutzpatron der Deutschen, vom Himmel kommende Figur glänzte fortan ebenso golden wie nazi-konform in der Sonne. Die Bremer schauten sich den Tausch an, und wer sich traute, lachte hinter vorgehaltener Hand über den »nackten Hitler«. Belegt ist die zeitgenössische Formulierung als Zitat in einer Sammlung von Aufzeichnungen, die im Archiv der Böttcherstraße überliefert wurden.

Navigare necesse est – vivere non est

Seefahrt ist notwendig, Leben nicht. Dieser seit Jahrhunderten in Bremen wohlvertraute Sinnspruch transportiert die Mahnung, dass die Schifffahrt Bremens Lebensader sei. Nur sie sichere die Wirtschaft der Stadt, und wenn ein Bremer Schiff mit Mann und Maus auf dem Meer bleibt, mag das zwar unendlich traurig sein, ändert aber nichts daran. Im ersten vorchristlichen Jahrhundert soll der römische Feldherr Pompeius diese schweren Worte geformt haben – kein Wunder, dass der bodenständige Bremer Volksmund so viel Pathos auf die Dauer nicht unkommentiert lassen konnte und den lateinischen Schnack auf die Schippe nahm. Wie er das tat, steht unten bei → Wiewers.

Neue Weser

nannte ziemlich trocken der Bremer Volksmund das zwölf Meter tiefe und 150 Meter breite Flussbett, das sich binnen weniger Stunden die Weser im März 1981 nach dem Bruch des Habenhauser Deiches durch 70 Hektar Land dahinter und quer durch das Kleingartengebiet »Hastedter Bulten« wühlte. Schneeschmelzwasser, starke Regenfälle und ein teilweise defektes Weserwehr hatten die Katastrophe herbeigeführt. Kurz vor der → Erdbeerbrücke floss die »Neue Weser« dann wieder in die alte. Und wer litt auf der

Gebändigt und hier ganz friedlich – der einst für zerstörerische Wassermassen kreierte Name »Neue Weser« bezeichnet heute ein Naturschutzgebiet in Habenhausen

Brücke gleich doppelt Höllenqualen? Die Eigner der dortigen → Parzellen. Sie mussten erstens von oben zusehen, wie ihr ganzer Stolz zerstört wurde und komplette Laubenhäuschen flussabwärts trieben, und zweitens drängelten sich mit ihnen auf der Brücke massenweise Schaulustige, die laut losjohlten und Beifall klatschten, wenn wieder eines von den Fluten angehoben wurde und sich Richtung Bremerhaven aufmachte. Doch das ist lange her, und seit 1988 bezeichnet die »Neue Weser« das ca. 38 ha große Naturschutzgebiet im Ortsteil Habenhausen zwischen Wehrweg, Weg zum Hastedter Bulten, dem Böschungsfuß des Werdersee-Leitdeiches und entlang der Wehrstraße.

Bremen im Frühling 1957. Der Fotoamateur Helmuth Gumprecht steht auf der Ruine des Vereinsgebäudes der »Union« Ecke Wachtstraße und blickt über die Große Weserbrücke in Richtung Neustadt. Links das 1955 fertiggestellte Gebäude der

Wasser- und Schiffahrtsdirektion vor der im August 1958 der Neubau der Großen Weserbrücke beginnen wird (heute: Wilhelm-Kaisen-Brücke)

»Der ist so groß, der ist so hässlich«, klagten einst viele Bewohner in der Neustadt und in den westlich angrenzenden Stadtteilen. Aber heute denken doch manche wehmütig an die Landmarke zurück, denn beeindruckend war der über 80 Meter hohe, 1984 abgebaute Gasometer auf dem Gelände der Stadtwerke in Woltmershausen allemal – und man kann auch hässliche Dinge vermissen. Die gewürfelte Bemalung hatte natürlich nichts mit der → Speckflagge zu tun, sondern diente als überregional verbindliche »Tagmarkierung« der Flugsicherung. Blick durch die Pappelstraße, August 1984

Neustadt

»Am Neustadtwall war die Eröffnung des Schauspielhauses gewesen. Die Altstädter überwanden ihre angeborene Scheu vor allem, was jenseits der Weser war, und besuchten es fleißig.« So schrieb Ada Halenza in ihrem 1949 erschienenen Roman »Seinerzeit … zu meiner Zeit«. Diese »Scheu« lernten die Altstädter Kinder schon von früh auf, wie dieser 1936 von Anton Kippenberg überlieferte Kindervers aus der Mitte des 19. Jahrhunderts zeigt: »Waar di vor Didi, vor Jan und vor Fidi! Waar die vor'n Neesteedter!« Dass die Altstädter, diesen beiden literaturhistorischen Fundstellen nach, gelegentlich etwas von oben auf die Neustädter herabzublicken scheinen, hängt vor allem mit dem deutlich geringeren Alter des Stadtgebietes auf der linken Weserseite zusammen. Die Neustadt entstand erst zu Beginn des 17.

Jahrhunderts: Das damals schon jahrhundertealte Bremen war schlau genug, sich vor dem 30-jährigen Krieg mit einem modernen Verteidigungssystem aus Wällen und Gräben zu umgeben. Damit feindliche Heere nicht von der südlichen Weserseite her die Stadt beschießen konnten, wurde ein großes Areal am gegenüberliegenden Ufer mit in den Befestigungsring einbezogen: Die Neustadt war entstanden. Zunächst gab es dort fast nur Grünland. Der prächtigen Bürgergärten halber galt die Neustadt auch als »Schoßkind des Rates« (→ Herrlichkeit), doch als im 18. Jahrhundert die Bebauung wuchs und den Einwohnern zunächst nicht dieselben Rechte gewährt wurden wie den Altstädtern, wurde der → Schnack in »Stiefkind des Rates« umgemünzt.

Heute lässt es sich in der Neustadt günstig und citynah wohnen, es gibt weites Grün am Werdersee, und für Bezieher höherer Einkommen viele der begehrten → Bremer Häuser, z.B. im »Flüsseviertel«. Damit dürfte im 21. Jahrhundert der skeptische Blick der Alt- auf die Neustädter ja wohl Geschichte sein? Für Antworten siehe unten das Stichwort → tagenbaren Bremer oder folgendes Zitat: Als Ende November 2007 während einer öffentlichen Veranstaltung der frühere Bürgermeister Henning Scherf als »Bremer Patriot« gelobt wurde, rief spontan ein anderer Bürgermeister, Hans Koschnick nämlich: »Der kann doch gar kein Patriot sein, der kommt doch aus der Neustadt!« Scherf wuchs in der Osterstraße auf, Koschnick in Gröpelingen.

nich klug

Wer als »nicht klug« bezeichnet wird, muss schon ziemlich doof sein. *Bischa nich klug!* ist bestes altes Bremisch für heutige Vorwürf à la: »Wie blöde bist du denn?!« Wer allerdings aus einer Sache »nicht klug« wird, der könnte schuldlos ratlos sein, da möglicherweise diese selbst so verdreht und unklar ist, dass sie auch beim besten Willen niemand verstehen kann.

nienich

niemals

Nieselpriem

Misanthrop, Miesepeter

Nikolauslaufen

Schon im 18. Jahrhundert ist der Bremer Brauch als »papistische Thorheit« belegt und stammt vermutlich sogar aus vorreformatorischer Zeit (papistisch = katholisch).

Bis heute laufen kleine, meist als St. Nikolaus oder Weihnachtsmänner verkleidete Kinder am 6. Dezember durch die Geschäftsstraßen und erbitten Süßigkeiten oder andere kleine Geschenke als Lohn für das Aufsagen kurzer Gedichte oder einfacher Reime wie diese:

> Sunnerklaus, de grote Mann,
> Kloppt an alle Dören an,
> Lüttje Kinner bringt he wat,
> Grote stickt er in 'en Sack.

> Ick bün so' n lüttjen Schipperjung,
> Mutt all mien Broot verdeen'n,
> Den ganzen Dag in't Water stan
> Mit mine korten Been'n.

> Halli, halli, hallo,
> Nu geit't na Bremen to!

Nobelpreisträger

Die beiden aus Bremen stammenden Nobelpreisträger teilen sich die See- und die Hansestadt: Der Bremer Ludwig Quidde erhielt 1927 den Friedensnobelpreis, der in Bremerhaven geborene Adolf Friedrich Butenandt 1939 den für Chemie. Bremen selbst ehrte mehrfach weitsichtig: Die einst für den Bremer Literaturpreis nominierten Nachwuchsschreiber Günter Grass (1959/60) und Hertha Müller (1985) erhielten später den Nobelpreis für Literatur (1999/2009), und auch die Österreicherin Elfriede Jelinek, die 2004 den Nobelpreis erhielt, war 1996 Trägerin des Bremer Preises gewesen.

nöch?

Jeder Mensch wünscht sich Zustimmung, und zwar so oft es eben geht, mancher am liebsten nach jedem Satz, der ihm so über die Lippen kommt, *nöch*? *Nöch* oder *nech* oder ein superkurzes *nö* hören Bremer anstatt des hochdeutschen »nicht wahr« so oft, dass sie es erst dann wahrnehmen, wenn sie in anderen deutschsprachigen Landen andere Varianten hören, *gelle, gau, newoa, ne-wah, woll, wonnich*?

Norddeutscher Lloyd

Edward Lloyds Londoner Kaffeehaus scheint ein guter Platz für erfolgreiche Schiffsversicherer gewesen zu sein, jedenfalls konnte man sie dort schon im 17. Jahrhundert verlässlich antreffen. Später ging der Name Lloyds auf die ganze Branche über und passte 1857 offenbar als Universalbezeichnung für alles, was mit Handelsschifffahrt zu tun hatte. Jedenfalls wählte sich ein Kreis Bremer Kaufleute ihn für ihre in

Aus Anlass des 50-jährigen Beste-
hens des Norddeutschen Lloyds 1907
gedruckte Postkarte. Das massige
Gebäude mit markantem Turm (in Bremen bald: »die Flasche«) an der Ecke
Papenstraße/Wegesende wurde erst
drei Jahre später fertiggestellt, weshalb auch der aktuelle Reedereisitz
mit abgebildet wurde

diesem Jahr gegründete Reederei-
unternehmung, die einen sagenhaften Erfolg haben sollte. Allein,
dass sich die bei dieser legendären Bremer Reederei Beschäftigten nicht ohne Stolz »Lloydbeamte« nannten, zeugt von der Größe
und der Bedeutung des NDL, der
zu den größten Schifffahrtsge-
sellschaften der Welt zählte. Der
Name stand auch für einen siche-
ren Job, und wer den hatte, konnte

sich »lloydselig« fühlen. Besonders durch die Passagen von Auswanderern über den → Bahnhof
am Meer in Bremerhaven in die
USA war die Reederei zeitweilig
weltweit führend, noch vor der
Hamburger HAPAG. 1970 erfolgte
die Fusion mit dem Konkurrenten
von der Elbe zur Hapag-Lloyd AG.
Später lange zum TUI-Konzern gehörig, kam es zu Spartenauftei-
lungen und Ausgründungen unter
dem Markennamen Hapag-Lloyd
(Kreuzfahrten, Luftfahrt, Contai-
nerverkehr).

Nordwolle → Haus des Reichs

Nüdschanix

ist der praktische, weil kürzere Er-
satz für Aussagen wie: »Nun, liebe
Leute, die Sache ist, wie sie ist,
und nicht zu ändern – Punkt!« oder
die zeitlose Glücksformel: »Selig
ist, wer vergisst, was doch nicht
zu ändern ist!« Noch ein schönes
und dazu passendes -nix ist zu hören, wenn freundlich-irritiert mit
Schadjanix – aber was soll das?
nach der Begründung für irgend-
welche Merkwürdigkeiten gefragt
wird (»O.K., macht ja nichts, aber
was soll eigentlich der ganze
Quatsch?«).

Ochsenvase → Klosterochsen-
umzug

O

ökeln/Ökelname

Ökeln steht norddeutsch für humoriges Verulken, Verspotten. Der bekannteste Bremer Ökelname (= Spitzname) lautet → Heini Holtenbeen und bezeichnet zugleich ein berühmtes Bremer Original. Wer mit markanter Persönlichkeit ausgestattet an markanten Punkten der Stadt präsent war, wie → Fisch-Lucie auf dem Markt, der → Moppenonkel auf dem Freimarkt oder → Mudder Cordes mit ihrem Fuhrwerk, konnte leicht einen Ökelnamen auf sich ziehen. Aber wie die Beispiele Goethe-Meyer (→ Ratskeller), → Containerschorse oder → Spontifex maximus zeigen, blieben auch Angehörige hochrangiger Berufsgruppen nicht von Ökeleien verschont. Ökelnamen gibt es also lang und schlapp, aber zwei hübsche aus prominenten »Wilhelms« geformte sollen hier noch vorgestellt werden: Zinkblech-Willi und Millionen-Willi. Dass der gelernte Schlosser und beliebte Blumenthaler Ortsamtsleiter Wilhelm Dehnkamp (1903–85) von seinen SPD-Genossen gern »Zinkblech-Willi« genannt wurde, änderte sich auch dann nicht, als er Präsident des Senats und Bürgermeister und damit nichts weniger als der ranghöchste Vertreter des bremischen Staates geworden war. Aber das war hochmütiger Spott keiner weiten Kreise, wohl auch genährt aus Neid und Missgunst und nicht zu vergleichen mit dem echten Unmut, den der schillernde Bremer Makler Wilhelm Lohmann auf sich vereinte, als er zu »Millionen-Willi« wurde – Millionen D-Mark nämlich galt es zu verdienen, als aus billig erworbener Osterholzer Feldmark unter tatkräftiger Mitwirkung von »König Richard« (→ Boljaneum) urplötzlich teuer gehandelter Baugrund geworden war. Lohmann erschien so mittendrin in dem Millionendeal, dass sogar seine Villa an der Schwachhauser Heerstraße ihren Ökelnamen abbekam: Über ihre Hausnummer als Taufpatin avancierte sie zum »Club 222«, da dort in der schick ausgebauten Kellerbar unter Beteiligung von Bremer Politik- und Gewerkschaftsgrößen viele lukrative Grundstücksgeschäfte auf den Weg gebracht worden sein sollen.

Ollermannskarken

wurde im rein plattdeutschen Bremer Volksmund früher die Martinikirche genannt. Zu ihrer 1229 gegründeten Gemeinde gehörten die Kaufleute mit ihren großen Wohn- und Lagerhäusern vor allem zwischen Schlachte und Langenstraße. Deren organisierter Zusammenschluss wurde nach außen durch das Gremium der

»Olderlude«, später »Elterleute«, vertreten. Alle zwei Jahre traten die beiden Ältesten aus dem im 15. Jahrhundert noch vierköpfigen und später mehrfach erweiterten »Collegium Seniorum« zurück. Die Elterleute führten auch das Wort in den Gemeindeversammlungen (Bürgerkonvent) und standen im Brennpunkt der harten Machtkämpfe, wenn die Kaufmannschaft versuchte, ihre Interessen gegen die Politik des → Rates durchzusetzen. Das Amt der Elterleute im → Schütting endete mit der Einrichtung der Handelskammer im Jahr 1849, aber viele der in ihrer

Zeit entstandenen Traditionen der Kaufmannschaft leben noch heute, z.B. beim Essen der »Großen Kaufmannskost« und der Einführung neuer Mitglieder im Plenum der Handelskammer im Rahmen der »Januargesellschaft (der Wittwen- und Statutenkasse)« am Montag nach dem Dreikönigstag. Nur die Martinikirche an der → Schlachte kennt heute kaum noch jemand als »Ollermannskarken«.

Oltjekolontje → Fisch-Lucie → zu

Oma Hocke

war eine Bremer Innenstadtlegende. 1901 als Clara Taphorn geboren, heiratete sie 1925 den Tischler Heinrich Hocke und zog mit ihm in den Schnoor 14. Sie erwarben eine Drehorgel und verdienten ihren Lebensunterhalt als Straßenmusiker. Doch die Konkurrenz war groß, es gab viele durch die Stadt ziehende Drehorganisten – aber niemand war so bekannt und beliebt wie Clara Hocke. Es hieß, der → Freimarkt ist erst wirklich eröffnet, wenn »Oma Hocke« mit der Orgel dort unterwegs war. Später sicherte sie sich ihren Lebensunterhalt durch Eröffnung eines Ladens und Drehorgelverleihs (z.B. für → Domtreppenfeger) in

»Oma Hocke« in ihrer Werkstatt im Schnoor

O

ihrem Haus im Schnoor. Wie sich die Zeiten ändern, wie sich das Leben ändert – das führen uns auch (scheinbare) Kleinigkeiten vor Augen und Ohren wie z.B.: Drehorgeln. In den 1930er Jahren erschienen am Tag vor Freimarktbeginn noch bis zu 150 Orgeldreher im Hof des Polizeihauses zur »Musikerprüfung«. Doch mit der ansteigenden Elektrifizierung der Unterhaltung ließ das Interesse jährlich nach, und als sich 1978 (drei Jahre vor »Oma Hockes« Tod) nur noch elf Musiker zum Nachweis des Wohlklangs ihrer Darbietungen anmelden wollten, endete die 1870 zum Schutze der Ohren der Bremer Bevölkerung eingeführte Zulassungspflicht.

Omaknutscher → Spontifex
maximus

Opsternatsch
sind aufsässige, widerborstige Leute, die anderen nur selten Freude bereiten. Wer übrigens Nachbarinnen im Treppenhaus über *die Soundso, die Opsternatsche,* → *sludern* hört, der kann schon sicher sein, dass sein letzten Dienstag vergessener Treppenhausdienst keinesfalls unbemerkt geblieben ist und vermutlich im Gespräch der beiden Damen auch schon Thema war oder noch werden wird.

Orden und Ehrenzeichen
Ein echter Bremer nimmt keine Orden an, heißt es, oder, noch knackiger ganz in hanseatischer Tradition formuliert: »Orden und Ehrenzeichen finden nicht statt.« Diese heute ziemlich aufgeweichte Ignoranz hatte mal konkreten Hintergrund. Orden waren Sache des Adels, und dass der von außen in eine zwar wirtschaftlich starke, aber räumlich kleine (und militärisch schwache) Stadtrepublik hineinfunkte, war nicht gern gesehen. Die Bürger hatten ihrer Stadt treu zu sein. Sie sollten nicht die Interessen von → Butenern im Sinn haben und etwa daran denken, wie schön es wäre, demnächst mit einem frischen Orden vom König Soundso über den Marktplatz zu stolzieren. Lange nach diesen Zeiten verlieh Bremen das als Orden im Ersten Weltkrieg erneuerte → Hanseatenkreuz tausendfach an Bremer Soldaten. Schon seit 1908 gibt es für Mutige die »Lebensrettungsmedaille«, und seit 1952 wird die »Senatsmedaille für Kunst und Wissenschaft« verliehen. Die höchste Auszeichnung, die Bremen nach dem Ehrenbürgerrecht zu bieten hat, ist die »Ehrenmedaille in Gold«, die seit 1843 bereits 24-mal vergeben wurde. Alle heutigen Bremer Ehrenzeichen

O

steckt man in die Tasche, nicht an die Brust. Und noch spiegeln die jährlichen Vergabelisten des Verdienstordens der Bundesrepublik einen Rest hanseatischer Geringschätzung von »Hundemarken«, wenn nämlich Bremen und Hamburg im Verhältnis zu allen anderen Ländern die wenigsten Auszeichnungen beantragen.

Orlogschiffe

Das Wort stammt aus dem Holländischen und meint Kriegsschiff (Oorlog = ndl. Krieg). In der Oberen Rathaushalle hängen eine ganze Reihe kanonenbestückter Orlogschiffe mit Bremer Flaggen. Die Modelle stammen aus dem 16. bis 18. Jahrhundert. Und seit dem ausgehenden ersten Jahrzehnt des 21. Jahrhunderts sieht auch keine erstaunten Gesichter mehr, wer Gäste durch das Rathaus führt und erklärt, dass Bremen seinerzeit die kostspieligen Kriegsschiffe unterhielt, um seine Handelsflotte vor Piraten zu schützen.

Oschi

Riesensache und gerade so groß wie ein → Dscholli

Oslebshausen/Oshusen

Pass' blots auf, Mann! Wenn'u erwüschtt würs' – komms' nach Oshusen! Die 1873 im damals mit weniger als 1000 Einwohnern noch sehr überschaubaren Oslebshausen (umgangssprachlich Oshusen oder Oslebshusen) fertiggestellte Justizvollzugsanstalt gab im Bewusstsein der in entfernter liegenden Gebieten wohnenden Bremer dem ganzen Dorf und späteren Stadtteil ein gefährlich anmutendes Gepräge. Nach dem spektakulären Konkurs der »Nordwolle« machte auch ein Mitglied der als märchenhaft reich geltenden Familie Lahusen (→ Haus des Reichs) Bekanntschaft mit »Oslebshusen« und musste 1931 nach der Verurteilung zudem den Spottvers ertragen: »Lahusen, Lahusen/Kommst nach Oslebshusen/Da kannst nich mehr spazieren gehn/Da musste hinter Gitter stehn!«

Ostertor → Vöddel

Osterwiese

Die jährlich um Ostern als Volksfest mit Schaustellern und Fahrgeschäften veranstaltete Osterwiese besteht seit 1911. Nach anfangs häufig wechselnden Plätzen findet sie seit 1946 auf der Bürgerweide statt. Die Osterwiese ist deutlich kleiner als der → Freimarkt und steht eher im Rang einer Kinder- und Familienvergnügung. Können Herr und Frau Meierdierks also hingehen – müssen sie aber nicht. Doch wer da sein muss, ist der → Freimarktssenator, der eröffnet nämlich die Osterwiese.

Osttangente → Milchquartier

Ottjen Alldag

ist eine literarische Kinderfigur des plattdeutschen Bremer Volksdichters Georg Droste (1866 – 1935), über deren Streiche und Erlebnisse in Bremen viel gelacht wurde. Nach einer kaufmännischen Ausbildung im Alter von 20 Jahren erblindet, erlernte Droste das Korbmacherhandwerk und betrieb danach ein Korbflechtergeschäft. Drostes Kinder entdeckten das Erzähltalent ihres Vaters, der in seinen Geschichten die eigene, in einfachsten Verhältnissen verlebte Kindheit und Jugend am Osterdeich wiedergab. Sein erfolgreichstes Werk bildeten die drei Bände »Ottjen Alldag un sin Kaperstreiche« (1913), »Ottjen Alldag un sien Lehrtied« (1915) und »Ottjen Alldag un sin Moorhex« (1916), in denen Droste seinen eigenen Werdegang zu einem Bremer Kaufmannsroman verarbeitete. Die Bücher erfuhren zahlreiche Auflagen und wurden von Radio Bremen auch aufwendig als Hörspiele produziert. Im Schnoor, gegenüber dem Eingang zum Institut für Niederdeutsche Sprache, erinnert ein Brunnen-Denkmal an Droste. Das Becken stammt aus dem Jahr 1733 und von einem Lankenauer Gehöft, das Kunstwerk darüber fertigte Claus Homfeld 1963 aus Kupferdraht und den Bronzeplastiken eines Jungen und einer Katze, und den Gedenkspruch an der Wand daneben verfasste Heinrich Schmidt-Barrien zur Erinnerung an den blinden Dichter: Von't ole Bremen/un wo't leevt und lacht/sung us de Dichtersmann/ut all sien Nacht.

Der Ottjen-Alldag-Brunnen im Schnoor liegt vis-à-vis dem Institut für Niederdeutsche Sprache

O-Weg → Vöddel

Ozeanflieger

»Hurra, wir sind die ersten gewesen!«, freuten sich die Bremer
im Jahre 1928, und sie waren es
auch – jedenfalls war der Name
ihrer Stadt damals in aller Munde.
Die drei weltberühmt gewordenen
Männer Hermann Köhl, Freiherr
von Hünefeld und der irische Major
Fitzmaurice hatten ihre einmotori-
ge »Bremen«, eine Junkers W 33,
von Irland über den Atlantik nach
Nordamerika zur kanadischen
Halbinsel Labrador geflogen und
damit Charles Lindberghs Leistung
von 1927 erstmals in der entgegen-
gesetzten Ost-West-Richtung geschafft. In den USA mit Konfettipa-
raden gefeiert, winkten und jubel-
ten die Bremer nach der Ankunft
der Ozeanflieger in Bremerhaven
nun auch, was das Zeug hielt, und
säumten zu Tausenden den Weg
der Helden von → Hillmanns Hotel
zum großen Festakt im Rathaus.

Papageienhaus

Als 1976 das neunstöckige Jakobushaus an der → Hochstraße
seine Türen für bedürftige und
obdachlose Männer öffnete, hatten die Bremer bald ihre eigene
Benennung parat: Sie sagten Papageienhaus, da die auf jeder Etage in anderen Farben gestrichenen
Fenstereinfassungen so schön
weit leuchten. Als dann noch im
September 2008 ein mehr als drei
Meter großer, bunt bemalter Pa-
pagei vor dem Eingang aufgestellt
wurde, war dieser Name quasi
amtlich geworden. *Schad' auch nix
– stehen ja inner Stadt 'n ganzen
Haufen Statuen zum Andenken an
den Heiligen Jakobus rum ...* (→ Jakobus Minor, → Juxmajor).

Papendiecker

wurden die einspännigen Pferde-
droschken genannt, die von 1890
an im Namen der »Bremer Drosch-
kengesellschaft« in der Stadt
unterwegs waren. Die Kutscher
trugen einheitliche Kleidung, und
ihre Fahrzeuge waren von 1893 an
auch mit Fahrpreisanzeigern und
Entfernungsmessern ausgestattet.
Ihren Namen verdankten sie dem
kreativen und einflussreichen Bremer Kaufmann Christoph Hellwig
Papendieck (1839–1891), auf dessen Initiative die Gesellschaft gegründet worden war. Das Jahr 1909
brachte dann den Anfang vom Ende
der »Papendiecker«: Der erste Bremer Droschkenkutscher hatte für
immer ausgespannt und sich einen
Wagen mit Benzinmotor beschafft.

Parkallee

Die Straße östlich des → Bürgerparks trug bereits mehrere Namen. Sie zeigt bis zum → Stern
den Verlauf des früher noch bis

zur Schleifmühle führenden Kuhgrabens an, auf dem bis ins 19. Jahrhundert Torfkähne nach Bremen kamen. Der Weg daneben hieß »Am Stau«. Beim Ausbau des Bürgerparks erfolgte die Zuschüttung der Wasserstraße und die Anlage der »Stauallee«, die seit 1890 offiziell Parkallee heißt. Ende der 1930er Jahre hieß das Stück zwischen Hohenlohestraße und Stern »Franco-Allee«, von Mai bis Jahresende 1945 »Franklin-D.-Roosevelt-Boulevard« und ab 1946 dann wieder Parkallee. Hinter dem Stadtwald vorbei führt sie übrigens in Richtung Bremer Uni. Als diese sich in den 1970er Jahren zunächst als »Rote Kaderschmiede« entwickelte, fand der konservative Bremer Volksmund mit »Ho Chi Minh-Pfad« bald auch seinen → Ökelnamen für die Parkallee (die sich heute übrigens jeden Werktagmorgen auf Kosten der Autofahrer vor dem Stern den Spaß zu erlauben scheint, als »Stauallee« wieder unter ihrem ersten Namen aufzutreten).

Parkhaus

Als das erste Parkhaus in der Innenstadt 1960 eröffnet wur-

Gesellschaftshaus mit märchenhafter Schlossanmutung. Das zweite, 1889/90 errichtete Parkhaus war ein gewaltiger Bau mit fünf Türmen und sieben Treppenhäusern. 1907 brannte es ab. Bremen hatte zwar eine Attraktion verloren, aber der weniger massige Nachfolgebau und das heutige Park Hotel passten sich wieder besser in die Bildwirkung des Parks ein

P

de, verbanden viele Bremer den Begriff noch eher mit dem Gesellschaftshaus mit Gartenlokal im → Bürgerpark als mit den neumodischen »Hochgaragen«. Wo heute am → Holler-See das Park Hotel die Rolle von Bremens »erstem Haus am Platze« spielt, standen zuvor das 1913 errichtete »Parkhaus« und seine zwei 1873 und 1890 fertiggestellten Vorgängergebäude. In allen dreien gab es eine Restauration mit großem Garten und Gesellschaftsräume. Nach dem Krieg wollte Radio Bremen das weitgehend zerstörte Parkhaus als Sendeanstalt neu aufbauen, doch der Bürgerpark fürchtete einen zu starken Eingriff in den Charakter des Parks und befürwortete eine Hotel-Lösung. 1951 wurde die »Hotel-Parkhaus GmbH« gegründet, und ab Mai 1956 hatte Bremen wieder ein Grandhotel. Es darf sich zu den »Leading Hotels of the World« zählen und hat, was die Schönheit seiner citynahen Lage angeht, kaum deutsche Konkurrenz.

Parzelle

heißt in Bremen der Schrebergarten. Alte Bremer gingen auch auf ihre Quekenfarm oder ganz einfach *nach'n Lanne* (= Lande) oder *nach'n Gaatn.*

pattuh

steht bremisch für »überhaupt«, z.B. in einem Satz wie: *Da ist pattuh nich an zu drehen.* Und dagegen ist auch *pattuh nix zu sagen*, selbst wenn das französische »partout« eigentlich als allseits/überall zu übersetzen ist.

Peddich man nich up'n Slips

Warnung, das »vornehme Getue« sofort sein zu lassen. Wer sie zu hören bekommt, hat etwas gesagt oder getan, was nicht zum gesellschaftlichen Rang seiner Umgebung passt, und bekommt mitgeteilt: Du tust so, als ob du ein Krawattenträger wärst, aber wenn du dich nicht an deine Blaumann-Truppe hältst, wirst du stolpern und auf die Nase fallen – *oder gleich was draufkriegen.* In diesem Zusammenhang ist auch der »Krawattenbunker« erwähnenswert: So nennt die Bremer Belegschaft von Mercedes-Benz das Verwaltungsgebäude auf dem Werksgelände in Sebaldsbrück.

Phantasien im Bremer Ratskeller

Im Sommer 1826 kam der junge Stuttgarter Dichter Wilhelm Hauff nach Bremen. Er traf Freunde, wurde mit Ratsmitgliedern bekannt gemacht, auch mit Bürgermeister

P

Johann Smidt, besuchte mehrfach den Bremer Ratskeller und verliebte sich nicht nur in diesen, sondern zügig auch in eine schöne Frau – die ihn allerdings ebenso zügig abwies. Das alles geschah in gerade anderthalb Wochen und war wohl *'n büschen viel für 'n erst 23-Jährigen*, genug jedenfalls, dass er der Stadt kurzfristig den Rücken zukehrte. In sicherer Entfernung griff er dann zur Feder, um seine Bremer Gefühle in einer wilden Geschichte zu verfeuern, wie dies eben nur Dichter können. Er schildert einen unglücklichen Verliebten, der seine Verzweiflung ertränken möchte und sich dafür über Nacht im Bremer Ratskeller einschließen lässt. Wie er so für sich die Probenfläschchen leert, werden nach und nach die Weinfässer (→ Jungfer Rose) zu lebendigen Figuren und feiern mit Bacchus ein Gelage. Als alle schon betrunken sind, steigt auch → Roland zum Feiern in den Keller hinab. Am Ende von Hauffs »Phantasien im Bremer Ratskeller«, die 1827 gedruckt erschienen, fällt der Held betrunken vom Stuhl und die Realität empfängt ihn in Form des aufschließenden Ratsdieners um sechs Uhr morgens wieder. Aber mit schwerem Kopf sieht er klarer. Er erkennt, dass das mit der Angebeteten, die überhaupt gar kein Verständnis für seine Sauferei zeigt, keinen Sinn macht, und gibt auf. Aber nach dem letzten Gruß an Roland (der zum Horror des Kutschers zurücknickt!) verlässt er die Stadt nicht in Gedanken an seine erloschene Flamme, sondern an die wundersame Nacht im Bremer Ratskeller. Den großen Erfolg seiner Dichtung erlebte er nicht mehr, Hauff verstarb 1827 in Stuttgart, eine Woche nachdem er Vater geworden war, an Typhus.

piepelig

Wer piepelig ist, muss aufgepäppelt werden. Zur Piepeligkeit neigenden Kindern wurde früher ein täglicher Löffel Lebertran verordnet.

Piepmatz-Affäre

Sie führte 1995 zum Bruch der vier Jahre zuvor begonnenen Senatskoalition aus SPD, FDP und Grünen, »Ampelbündnis« und später »Gehampelbündnis« genannt. Ohne politische Rücksprache hatte das grüne Umweltressort Flächen in der Hemelinger Marsch als EU-Vogelschutzgebiete angemeldet, die vom gelben Wirtschaftssenator eigentlich für intensive Gewerbenutzung vorgesehen waren. Der rote Bürgermeister konnte den Streit nicht schlichten – die Ampel zerbrach und machte den Weg frei für die von Henning Scherf geführte große Koalition.

**Nüddelig: Bremerhavens »Pingelturm«
an der Einfahrt zur Kaiserschleuse**

Pingel

ist eine Klingel, und wer läutet,
pingelt. Bleibt man dennoch vor
verschlossener Tür stehen, *sölbst
in Schuld, häss man eben vorher
per Te'efon anpingeln solln, denn
häss gemeergt, dass niemand da
is*. Die bekannteste Pingel im Land
Bremen steht seit 1900 in Bremerhaven, nämlich das Ostfeuer der
Kaiserschleuse, das wegen seiner
Nebelglocke »Pingelturm« genannt wurde. Die schrägste Pingel
findet sich in Karl Lerbs' → Döntje
mit dem Titel »Kurzdrama«: »Ali-
ne is'n Himphamp«, sagte Tante
Doris. »Wo die wohl ümmer rum-
scheest? Gestern wollte ich'r mal

hin. Ich pingel. Ich pingel noch mal
– is da gar kein' Pingel. Ich mach
auf – is zu.«

Pluckte Finken (und hackte Müsen)

ist ein kräftiger Bremer Eintopf
und altes Walfängeressen. Das
»gehackte Gemüse« waren meist
die stets zur Bordverpflegung gehörenden gelben Wurzeln, und für
die Einlage pluckte (= pflücken,
herausschneiden) der Smutje
Finken (= kleine Stücke) aus dem
Walspeck. Wer heute in einem Lo-
kal Pluckte Finken und hackte Mü-
sen bestellt, darf sich aber freuen,
statt des Walspecks zartes Och-
sen- oder Pökelfleisch auf dem
Teller vorzufinden. Welche Alter-
native die passendere sei, soll
auch Streitgegenstand zwischen
den beiden aus Bremen stammenden Verlegern Anton Kippenberg
und Ernst Rowohlt gewesen sein.
Letzteren zitiert Hanns Meyer für
sein Buch »Gastliches Bremen«
auch in Sachen eines anderen
Eintopfes, nämlich »Speck und
Birnen«: Dabei dürfen »um Gottes willen die Birnen nicht vorher
geschält werden, der Speck muss
gut durchwachsen sein, die Kartoffeln müssen halbiert werden,
Petersilie ist nicht zu vergessen.
Wenn all das bei kleinem Feuer
gut durchgezogen ist, schmecken

P

– wie Rowohlt bemerkt – die Birnen nach Speck, der Speck nach Birnen, die Kartoffeln aber sowohl nach Birnen als nach Speck.« Sehr schmackhaft ist auch die Variante: *Birn'n, Bohn'n und Speck.*

Pöks → Muschepunt

Priölken, Meeskenkiste und Uhlenlock

Priölken werden heute die sechs hölzernen Einbauten genannt, die an der Marktseite des Ratskellers dazu einladen, sich darin in kleiner gemütlicher Runde zu versammeln. Früher hießen sie Logamenter (frz. logement = kleine Wohnung) und erhielten den jetzigen Namen, als die in einem anderen Teil des Kellers gelegene »Priölke« umgenutzt wurde. Die genaue Herkunft des Wortes ist unklar, im 18. Jahrhundert wurde es als Verkleinerung von Priël gedeutet (frz. für Sommerlaube, Ort des Vergnügens). 1903 wurden vier Räume künstlerisch ausgemalt, zwei weitere, die zunächst dem Kellermeister als → Kontor dienten, kamen später hinzu. Eine Priölke kann durch Schließen der Tür zum Separee werden, was jedoch anstandshalber nur bei mehr als zwei Gästen darin gestattet ist. Zwei weitere hübsche, besonders gemütliche Plätze finden sich im

Priölke im Ratskeller

Bacchuskeller links und rechts neben dem gewaltigen Prunkfass des römischen Weingottes, sie heißen Meeskenkiste und Uhlenlock (Meisenkasten und Eulenloch).

Prövener

Präbende ist Latein und bedeutet Pfründe oder Stiftung, niederdeutsch Pröven. Die Nutznießer der Stiftung sind die Prövener, z.B. die Bewohnerinnen und Bewohner des → Remberti-Stiftes und des Seefahrtshofes (→ Haus Seefahrt, → Schaffermahlzeit).

Prüwee

alter Begriff für Abort, abgeleitet von privé, frz. privat, intim (für Toilette), siehe → Goldwagen

Pudding

In Bremen lässt sich der Pudding nicht nur essen, man kann auch gemütlich drum herum spazieren – um den Block oder das Quartier nämlich, in dem man lebt. Woher der Begriff stammt, weiß niemand. Doch auf Wangerooge liegt genau in der Mitte der Oberen Strandpromenade eine Mitte des 19. Jahrhunderts aufgeschüttete und dann »Pudding« genannte Düne. Auf ihr erhebt sich das kreisrunde »Café Pudding«, und um das Ganze herum führt ein bequemer Spazierweg. Schon vor mehr als 100 Jahren haben viele Bremer auf der Insel Urlaub gemacht, und vielleicht ist der Name ja ein Mitbringsel entweder von der Weser an die Nordsee oder umgekehrt.

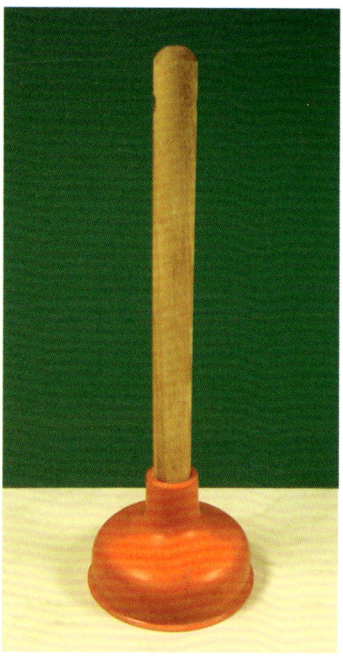

Vielleicht ist einer seiner Vorfahren ein Neustädter Jung aus der Oderstraße

Pümpel

Jeder kennt ihn, jeder hat ihn, aber keiner weiß, wie das Ding eigentlich korrekt heißt, und deshalb sagen alle: Pümpel, jedenfalls in Bremen und dem Rest der norddeutschen Tiefebene. Rückblende: Bremen in den 1920er Jahren. Der motorisierte Verkehr nimmt zu, und die Stellmacherei von Johann Fischer, geboren 1873 in Gröpelingen, läuft zusehends schlechter. Dann hat Fischer die Idee, woher, weiß wieder niemand, mit einem Abflussreiniger Geld zu verdienen. Bei Gummi-Voigt (Am Wall 126) ließ er dafür Saugglo-

cken anfertigen, die er zu Hause, im Souterrain der Oderstraße 68, mit Holzstielen versah. Dann tat er sich mit einem Handelsvertreter zusammen, der für ihn das geniale Gerät an Mann und Frau zu bringen versuchte. Fischer nannte sein Produkt weder »Ausgussreiniger mit Holzstab« noch »Vakuum-Sauger mit Stiel« oder sonst wie technisch, sondern erfand die lautmalerisch traumhaft schönen Markennamen »Hyptor« für das Standardmodell und »Hygenium« für die gehobene Variante mit

Q

gedrechseltem Griff. Aprilscherz? Keineswegs. Nachkommen von Fischer meldeten sich Anfang 1996 beim »Weser-Kurier«, und der berichtete groß. Daraufhin kam sogar das Fernsehen ins Patent- und Normenzentrum der Hochschule Bremen, um die Patentanmeldung zu filmen.

Punkendeich → Damen vom Ballett → Eiswette

Puschen

ist überall in Norddeutschland als Kurzwort für »Papuschen« und damit für (Filz-)Pantoffeln oder Hausschuhe zu hören. Sie sind übrigens weit gereist und stammen aus dem Arabischen (Babusch). Über das französische »babouche« schlurften sie irgendwann als »Papuschen« nach Deutschland und wurden zwischen Nord- und Ostsee zu »Puschen« gestutzt. Aber vor allem weiß auch an der Weser jeder, dass er sich gefälligst zu beeilen hat, wenn es heißt: *Nu komma in die Puschen!*

Pusdorf

lautet der Kosename Woltmershausens, der aber mittlerweile den eigentlichen Stadtteilnamen fast ersetzt hat. Angeblich rührt er daher, dass dort nahe der Weser der Wind so pustet.

pustig

sind kurzatmige Menschen, die schnell *hachpachen*, also außer Atem kommen.

Quarkbüdel → Büdel → klönen

Quatsch → direkt

Quekenfarm → Parzelle

r

Auch an der Weser hat man schon von diesem 18. Buchstaben des Alphabets gehört, kommt aber seit eh und je weitgehend ohne ihn bestens zurecht. Hier das Zitat einer Bremerin, die einmal gleich acht Stück davon in einem Satz verdrückte: Kala, das Gatentoa knaat, das s-töat ein dja foichba!

Rabbelhusen

ist der volksmundliche Bremer Name für den Woltmershauser Ortsteil Rablinghausen.

Rat, Rathaus

1821 beschloss in Bremen »Ein Hochedler Hochweiser Rath«, sich von 1822 an offiziell als »Der Senat« zu benennen (was er zuvor sowieso schon häufig gemacht hatte, weil das lateinische Wort auch in anderen, nicht deutschsprachigen Städten und Ländern, mit denen Bremen zu tun hatte, verstanden wurde). »Guter Rat ist teuer«, heißt es vor allem, wenn es Probleme gibt, und das ist ja der Regelfall in menschlichen Gemeinschaften. Der »Rat« als Gremium, das Streitschlichtungen versuchte und von dessen Mitgliedern über- und festgelegt wurde, wie eigentlich die Interessen der Gemeinde insgesamt lauten und wie man diese am besten binnen und buten durchsetzen könne, war deshalb auch schon da, als in Bremen erst wenige Tausend Menschen lebten. Die Stadt reichte im 12. Jahrhundert vom Ostertor beim höchsten Punkt der → Düne bis zum Brill, und ihre Bewohner organisierten sich nach den drei Gemeinden Unser Lieben Frauen, St. Martini und St. Ansgarii (→ ULF, → Ollermanns- und → Scharskarken), 1308 kam St. Stephani dazu (→ Steffensstadt). Jede durfte eine Anzahl Repräsentanten benennen, die sich turnusgemäß ihre Sitze im Rat übergaben. In wichtigen Fragen zog dieser die gerade nicht im Amt befindlichen Ratmänner (oder: Ratsherren, lat. Consules, später Senatoren) hinzu und fällte seine Entscheidung mit diesen gemeinsam als die → Wittheit.

Als qualitätssichernde Maßnahme sollte sich übrigens jeder Konsul bei wichtigen Sitzungen zuvor »entnüchtern«, also eine Mahlzeit einnehmen, damit der Ratsschluss nicht auf leeren Magen geschehe. Das Rathaus stand Ecke Söge-/ Obernstraße, bis man sich 1405 beim → Roland an den Bau eines größeren machte. Im 16. Jahrhundert schon im nördlichen Bereich u.a. um die »Wittheitsstube« erweitert, bekam es Anfang des 17. Jahrhunderts marktseitig eine vollkommen neue Gestaltung und erhielt 1909–13 die umfassende Erweiterung des »Neuen Rathauses« mit Zwiebelturm, → Marmoretage und Zugang vom Domshof aus.

Ratskeller (und »Goethe-Meyers« Geschenke)

Von der Schönheit und dem Wert des Bremer Ratskellers, dem »köstlichen Fundament« des Rathauses, überzeuge man sich selbst. Aber nicht zu viele Schoppen leeren, sonst ergeht es einem am Ende wie in Wilhelm Hauffs → »Phantasien aus dem Bremer Ratskeller«, in denen die Fässer lebendig werden und der → Roland zum Trinken und Tanzen vom Markt herunterkommt. Auch Heinrich Heine oder später Joachim Ringelnatz tranken hier begeistert Wein aus deutschen Landen – anderen gibt's auch gar nicht. Wer Gelegenheit hatte, kostenlos zuzugreifen, tat es gern, wie die Soldaten heute eng befreundeter Mächte in der → Franzosenzeit

Seit Jahrhunderten bilden vier riesige Fässer mit prächtig gestalteten Schauböden eine besondere Zierde des Ratskellers. Die beiden Damen klönen vor dem 1737 entstandenen »Delphinfaß«, das einst mehr als 20.000 Liter Wein aufnehmen konnte

und während der Amerikanischen → Enklave. Auch einer, der nie dort war, Goethe nämlich, schätzte den Wein aus dem Ratskeller und ließ sich immer wieder gern einige Bouteillen verehren, zumeist von seinem Bremer Freund, dem Arzt Nikolaus Meyer (»Goethe-Meyer«). Aber was könnte man bloß zum guten → Rosewein für den Dichter als Aufmerksamkeit für dessen Sohn August beilegen? Der sollte ja noch keinen Alkohol bekommen – aber Goethe hatte doch von dessen kleiner Naturalien-Sammlung und dem Interesse am → Bleikeller geschrieben? Und so verfiel man zur Heiligen Weihnacht 1803 auf die

goldige Idee, dem Jungen einen Mumienfinger aus dem Dom zu schenken. *Gitt, nee, ein mach'as gaanich glauben! Musser aber* – denn der Finger und noch eine ganze Kinderhand liegen bis heute in Goethes Wohnhaus am Frauenplan in Weimar.

Wer gute Augen hat und zählen kann, erkennt, dass auf dem Foto etwas fehlt

Raupipau

heißt Rauch-und-Pinkel-Pause
und gehört zu den wichtigsten
Einrichtungen der → Eiswette.

Raute

Die Raute bezeichnet in der Geo-
metrie eigentlich ein Viereck mit
paarweise parallelen Seiten. In
Bremen war sie 2003/04 die be-
herrschende Fußballvokabel, als
das Mittelfeld der meisterlichen
→ Werder-Mannschaft in der tak-
tischen Grundformation dieses
Namens agierte und damit die
Raute des Vereinsemblems auf
den Rasen übertrug. Bei den Grie-
chen hieß die Raute »Rhombus«,
während heute so der Name der
Zeitschrift aller → Borgward-Lieb-
haber lautet, womit wir wieder
zurück im neuzeitlichen Bremen
wären.

regent

Möönsch, das regent fieleich! soll
heißen: Es regnet sehr stark! Manche → Nieselprieme bringen Bremen unsinnigerweise mit über-
durchschnittlichem Regenwetter
in Verbindung. Tatsache ist, dass
es viele Ausdrücke dafür in der
Stadt gibt: schnuddern und dröp-
peln für schwachen Regen, klö-
tern und pladdern für stärkeren.
Eine gemeine Sonderform ist zu
spüren, wenn es → fieselt.

rein Roggen Bremer Kind

→ tagenbaren Bremer

rejell

ist das französisch-bremische Ge-
genteil von albern, wie man sich
in Bremen übrigens nie öffentlich
verhalten sollte. Es kann aber
auch als generelles Verstärkungs-
wort gebraucht werden. Wenn
z.B. jemand *rejell was in Nacken
kricht*, dann möchte man nicht in
seiner Haut stecken.

Remberti-Stift

Wer einmal den vielleicht schönsten Baum Bremens anschauen will,
der muss von der Rembertistraße
aus einen Blick durch die Torein-
fahrt in den Hof des Remberti-Stifts
werfen. Die gewaltige, über 100
Jahre alte Rotbuche darin ist ein
Denkmal der Natur.

Die Wurzeln des Stiftes reichen
zurück in das 13. Jahrhundert, die
Gebäude an der Remberti- und
Stiftsstraße entstanden in der Zeit
von 1844 bis 1878. Wo einst die
große neugotische Kirche aus dem
Jahr 1869 stand, führt heute die
östliche Rampe der → Hochstraße zum Rembertikreisel. Aber die
inzwischen von der Bremer Heim-
stiftung geführte Altenwohnanla-
ge blieb erhalten. So können dort
weiter die »durch das Rembertistift
vor dem Aussterben geschützten

Tanten« leben, wie Karl Lerbs einst zur Einrichtung bemerkte.

Riensberger Friedhof → tagenbaren Bremer

Rietenspliet
kleiner Draufgänger, Racker, äußerst lebhaftes Kind

Rohland-Stiftung
Julius Rohland stammte aus Brake und wurde ein erfolgreicher Bremer Kaufmann. Rohland verdiente ein Vielfaches von dem, was er und seine Frau ausgeben konnten, Kinder hatten sie nicht. Ihr großes Vermögen vermachten sie 1875 einer Stiftung zur »Verschönerung der Stadt Bremen« und verstarben einige Jahre später. Aus den Zinsen konnten die Güldenkammer und ein neues Ratsgestühl im Rathaus finanziert werden, ebenso Arbeiten am → Essighaus und andere Projekte mehr. Doch dann nagten von 1914 an Krieg, Inflation, Weltwirtschaftskrise, noch ein Krieg und schließlich die Währungsreform an dem Vermögen. In der jungen Bundesrepublik angekommen, prüfte der Stiftungsvorstand die Kasse, machte ein ernstes Gesicht und nannte die verbliebene Gesamtsumme: 150 D-Mark. Von den Zinsen Bremen zu verschönern, musste man

Das »R« in der Wetterfahne auf dem Dachfirst des Hauses Schnoor 38 erinnert an großes Bremer Mäzenatentum

nicht mehr versuchen, und so löste sich die Rohland-Stiftung mit einem letzten Projekt im Sinne des Gründerpaares auf. Wenn Sie also das nächste Mal durch den Schnoor gehen, schauen Sie mal nach oben und achten Sie auf die hübsche, schon von Weitem zu erkennende Wetterfahne auf dem Giebel von Haus Nr. 38. Warum in ihr der Buchstabe »R« zu lesen ist, wissen Sie jetzt ja schon.

Roland
Seit mehr als 600 Jahren steht Roland auf dem Markt und ist vor allem als Symbol der städtischen

Roland in den 1880er Jahren. Das »Deutsche Haus« gibt es noch nicht und auch noch keine Oberleitungen für die Straßenbahn. Rechts die »Alte Börse«

Unabhängigkeit zu verstehen. Von der historischen Figur ist gerade mal überliefert, dass es sich um einen Markgrafen von Kaiser Karl dem Großen in der Bretagne handelt. Dieser »Hroudlandus« kam nach Karls erfolglosem Feldzug gegen die Sarazenen 778 kämpfend in den Pyrenäen ums Leben. Wenig genug, um später alle möglichen Geschichten um seine Person ranken zu lassen, vor allem die des treuen Kaisergefährten. Wer sich also auf Roland berief, berief sich auch auf Karl und sein Reich. Das Bremer Erzbistum aber beanspruchte

die politische Oberhoheit in der Stadt und konnte nichts weniger gebrauchen als kaiserlichen Beistand für die Bürgergemeinde. Einer Bremer Chronik nach, ließ Erzbischof Albert II. im Jahre 1366 den hölzernen Roland der Stadt zerstören (→ Rom des Nordens). In den weiteren Wirren jedoch unterlag Albert den Bürgern, die ihre Unabhängigkeit kämpferisch und stolz mit neuem Siegel (1366), neuem Roland (1404) und neuem Rathaus (1405–07) für alle sichtbar dokumentierten. Auch der Schild mit der Umschrift → »Vryheit do ik jo ...« gehört in dies politische Programm.

»Wenn der Roland umkippt und nach 24 Stunden kein neuer dasteht, verliert Bremen seine Freiheit«, wird Kindern seit jeher erzählt, denen auch sofort einleuchtet, dass im Rathaus deshalb ein Ersatzroland zur Sicherheit bereitliegt. Als zentrale Bremer Integrationsfigur zog Roland im Laufe der Jahrhunderte zahllose Reime, Geschichten und Bräuche auf sich (... »Roland mit de spitze Knee, segg mol, deit di dat nich weh?« und vor allem Friedrich Rückerts »Roland der Ries' am Rathaus zu Bremen«, 1848). Bremer, die die Stadt verließen, verabschiedeten sich bei Roland in der Hoffnung auf gesundes Wiedersehen. Gut zu wissen: Abmachungen, die hinter dem Roland getroffen werden, gelten nicht. Ob übrigens der Abstand zwischen den spitzen Knien wirklich einmal als Maßstab der historischen »Bremer Elle« von knapp 58 Zentimetern galt, wird in Bremen schon lange diskutiert. Während der → Franzosenzeit sollte Roland verschwinden, und nach ihrem Ende feierte man Jahrzehnte hindurch alljährlich → Rolands Geburtstag. Noch heute findet sich »Roland« in rund 40 verschiedenen Bremer Firmen- und Markennamen wieder, und die Prominenz und der Standort vor dem Rathaus verlocken auch dazu, den fünfeinhalb Meter großen Roland bei Demonstrationen und Kundgebungen aller Art mit einzubeziehen. Wer sein unergründliches Lächeln einmal aus der Nähe betrachten möchte und keine lange Leiter parat hat, muss ins Focke-Museum gehen: Seit einer 1984 erfolgten Sanierung ist Rolands Kopf dort ausgestellt, auf dem Markt lächelt eine Kopie. Schon zu Anfang des 16. Jahrhunderts war die Figur erneuert und zuletzt 1938/39 vollständig zerlegt und mit viel neuem → Bremer Stein wiederaufgebaut worden. Auch zwischendurch gab es diverse Sanierungen und farbliche Neufassungen des vom Boden des Podestes bis zur Rose über dem Zimborium 10,2 Meter Höhe messenden Standbildes.

Roland (Polizeiwagen)

Funkname der Bremer Streifenwagen, von denen in der Regel 35 Stück rund um die Uhr auf den Straßen der Stadt unterwegs sind

Rolands Geburtstag

ist der 5. November 1813. Dass dem Symbol Bremer Freiheit ein Ehrentag angedichtet wurde, geschah aus Freude über das Ende der → Franzosenzeit. Keine drei Wochen zuvor war noch um die Stadt gekämpft worden, bis am 25. Oktober 1813 die Nachricht von Napoleons Niederlage in der »Völkerschlacht bei Leipzig« in Bremen eintraf. Tags drauf zogen die französischenTruppen endgültig aus der Stadt ab, und am 6. November trat die alte Verfassung Bremens wieder in Kraft. Zur Erinnerung daran wurde in den folgenden Jahrzehnten jeweils am Vorabend des Jahrestages »Rolands Geburtstag« ausgerufen und die Bildsäule mit Blumen und Girlanden geschmückt. In der zweiten Hälfte des 19. Jahrhunderts geriet der Brauch außer Mode und in Vergessenheit, wurde aber im 20. Jahrhundert gelegentlich wiederbelebt. So hielt zu Rolands

5. November 1979: Roland hat Geburtstag, und eine Straßenbahn erhält seinen Namen

Als Bremen 2004 »600 Jahre Roland« feierte, wurde der restaurierte »Kleine Roland«, quasi als Besuch, auf einer Stele dem großen Roland gegenübergestellt

575. Geburtstag im Jahr 1979 z.B. ein Zug der Bremer Straßenbahn AG neben dem Ritter und wurde auf den Namen »Roland« getauft.

Rolands kleine Abkömmlinge

Neben Bremens → Roland auf dem Markt wurden in Bremen noch zwei weitere, kleinere Abbilder des Recken im Namen der Stadt geschaffen und öffentlich aufgestellt. Einen benötigte der → Rat 1602 als Standbild für Bederkesa, denn das gehörte damals zu Bremen, was ruhig jeder dort sehen sollte. Der andere Roland wird »Kleiner Roland« genannt und entstand 1737 als Figur für einen Neustädter Brunnen. Die Anlage wurde mehrfach versetzt und steht heute am Südende des Neuen Marktes. Ob auch Rolands kleiner Abkömmling in Bederkesa noch zu finden ist? Fahren Sie doch mal hin.

Rolandskinder

haben sich immer wieder die Bremer selbst genannt. Der Bremer Bürgermeister Eberhard Dotzen nutzte das Wort im 17. Jahrhundert zur Unterscheidung der zur Stadt Bremen gehörenden Bevölkerung von den »Domisten«, die unter der Herrschaft des damals zu Schweden gehörenden Dombezirks lebten.

R

Rollo

Lasst Berliner und Hamburger weiter darum streiten, in welcher Stadt sich brutzelnd die erste Currywurst mit Fett vollsog. Derweil kann der Bremer Imbissfreund sein sauber und handlich in Pergamentpapier aufgerolltes Fladenbrot in der Gewissheit genießen, dass es gar nicht weit vom Weserstrand erfunden wurde. 1982 rätselte Hossain Saravi in seinem Pizza-Imbiss »Tandour« am Sielwall, was er der damals schwer in Mode gekommenen »Gyros-Pita« (ausgehöhlte Fladenbrothälfte mit Gyros, Salat und Soße gefüllt) entgegensetzen könne. So tüftelte er mit den hauchdünnen Teigfladen seiner persischen Heimat. Statt das Brot zu füllen, legte er die weiteren Zutaten einfach auf den im runden Pizzablech vorgebackenen Teig. Soße drüber und das Ganze aufrollen, ab in den Ofen, schön knusprig wieder raus – fertig war das erste Rollo. Die Kreation ist seit Jahrzehnten unverändert und damit viel älter als der berühmte »Döner«, der inzwischen als »Dürüm« übrigens auch aufgerollt über die Imbisstheken geht...

Rom des Nordens (und eine Niete mit Bischofsmütze)

So mächtig wie Rom sollte Bremen einmal werden, schrieb der Domschulmeister und erste bekannte Chronist der Stadt, Adam von Bremen, als er zwischen 1075 und 1080 eine hamburgisch-bremische Kirchengeschichte verfasste. Er schilderte darin ausführlich das Wirken von Erzbischof Adalbert (†1072). Dieser war enger Vertrauter von Kaiser Heinrich III., der ihn auch in Bremen eingesetzt hatte, und wurde später Vormund und Berater von dessen Sohn und Nachfolger Heinrich IV. Als päpstlicher Legat und Vikar für den Norden gründete Adalbert die Bistümer Ratzeburg und Mecklenburg und versuchte, die gesamte kirchliche Oberhoheit über Skandinavien dauerhaft an der Weser zu verankern. Letztlich scheiterte sein »Patriarchatsplan«, von dem die in Bremen lebenden Fischer, Handwerker und Händler im Übrigen nichts bemerkt haben dürften. Was sie jedoch sicher mitbekamen, war der Weiterbau des Doms unter dem aufstrebenden Adalbert und die verschärften Steuern und Abgaben in der Zeit, als sein politischer Einfluss am Ende seines Lebens zurückging. Nie wieder sollte Bremen einen so wirkungsreichen und mächtigen Mann zum Erzbischof haben.

Einen schönen Kontrast dazu bietet Albert II., der 1362 als Erzbischof nach Bremen kam, hier vollkommen versagte und viel Unheil stiftete. Aber die Stadt ging gestärkt aus den zahllosen inneren und äußeren Konflikten dieser Zeit hervor. Weil der → Rat dem chronisch klammen Albert finanziell dauernd aus der Klemme half, musste dieser der Stadt nach und nach wichtige Hoheitsrechte verpfänden. Die gab Bremen nie wieder her und hatte damit den entscheidenden Schritt zur Unabhängigkeit vom Erzbistum geschafft, was wirtschaftlich dann auch den Fischern, Handwerkern und Händlern zugutekam. Sie lachten vielleicht auch über die Gemeinheit, die dem Erzbischof dann noch widerfuhr. Ein kirchlicher Widersacher hatte das Gerücht gestreut, der für ausschweifende Lebensart bekannte Albert sei »Mann und Frau zugleich«. So musste dieser erst in Bremen und dann in anderen norddeutschen Domkapiteln seine männliche Einzigartigkeit durch Sichtprüfung unter Beweis stellen.

Die Rose an der Decke des Rosekellers

Rosewein und Rosekeller

Nüchtern und geografisch betrachtet, ist Wein als Getränk weniger bremisch als Bier, das in Bremen schon im Mittelalter gebraut, getrunken und exportiert wurde. Doch obwohl Hunderte Kilometer von den sonnenverwöhnten Hanglagen an Rhein, Mosel & Co. entfernt, genießt man am We-serstrand einen hervorragenden Ruf als Weinstadt. Das liegt an der langen Tradition des hiesigen Weinhandels und am berühmten → Ratskeller. Und ein wenig an dessen Rosekeller, wie sein Keller heißt, in dem der Rosewein, der beste Wein eines Jahrgangs, gelagert wird. Die Einstimmung auf den Rosekeller erfolgt beim Zugang. Der führt durch den Apostelkeller und ein Spalier von zwölf großen, nach den zwölf Aposteln benannten Fässern, auf denen zwölf Kerzen den Weg leuchten. Dann ist das kurz nur »Rose« genannte Gewölbe erreicht. Darin gibt es viele Abbilder der Blume aller Blumen zu entdecken. In Stein gehauen, in Öl gemalt unter der Decke, und thronend darunter: das »Rosefass«. In ihm lagert der Rüdesheimer anno 1653 – längst wohl etwas undefinierbar Schweres und Dunkles geworden –, aber genießbar. Jeder neue Präsident

R

Blick durch den nur von Kerzenlicht erhellten Apostelkeller, im Hintergrund das Rosefass im Rosekeller

des Senats erhält zum Amtsantritt das Angebot eines winzigen Schlucks aus dem 1200-Liter-Fass, Queen Elizabeth II. durfte nippen, und auch der Kellermeister muss ja wohl mal *appunzu* den Rüdesheimer und die Weine in den anderen Fässern des Gewölbes prüfen. Die volle Riesenblüte an der Decke soll im 18. Jahrhundert ein italienischer Künstler auf das Kupferblech befördert haben, um so seine Zechschulden zu begleichen. Wie genau sich die Angelegenheit verhalten hat, weiß niemand, aber schließlich war auch damals schon das antike Sprichwort wiederentdeckt: Was unter der Rose gesprochen wird, bleibt vertraulich (sub rosa dictum ...).

Im Apostel- und im Rosekeller ist es ganzjährig kühl, und darauf spielte wohl auch der Pastor von Unser Lieben Frauen an, der 1725 den lateinischen Vers um die Deckenrose dichtete: Cur Rosa, flos Veneris, Bacchi depingtitur antro? Causa, quod absque mero frigeat ipsa Venus (Warum im Keller des Bacchus die Rose, Venus Blume, gemalt wurde? Weil ohne Wein selbst die Göttin Venus [hier] friert). Zum Schluss aus dem Dämmerlicht und der Stille der Rose zurück ins hellste Bremer Sonnenlicht und ins Jahr 2007: Ein Schwachhauser Weinhändler hatte das Keltern von Bremer Trauben angefangen. Die Zeitungen berichteten, man staunte und befürchtete

Saures. Aber es wurde auch daran erinnert, dass es im elften und im 14. Jahrhundert beim Paulskloster vor dem Ostertor schon versucht wurde. Tatsächlich waren die Ergebnisse des 21. Jahrhunderts besser als gedacht. Und als immer mehr Balkon- und Gartenbesitzer sich nicht nur für Rosenzucht, sondern nun auch für den Weinbau begeisterten, kam es 2009 sogar zur Gründung der »Winzergenossenschaft Wachmannstraße«.

Rosselenker

heißt eine Bronzeplastik in den Bremer Wallanlagen, bestehend aus einem Jüngling, der sein Pferd am Zügel führt. Die vom Ölkaufmann Franz Schütte der Stadt 1901 geschenkte Arbeit des Bildhauers Louis Tuaillon ist vor allem durch ihre hervorragende Platzierung eines der bekanntesten Bremer Kunstwerke geworden. Wer von der Bischofstor-Brücke kommend zur → Bischofsnadel geht, hat den Blick zum Beachten des Gegenverkehrs ohnehin nach vorn zu richten und sieht so den Rosselenker erst von der Seite und wechselt im Vorübergehen die Perspektive allmählich auf die Rückansicht. Was das Kaiser-Friedrich-Denkmal an der Hermann-Böse-Straße mit dem Rosselenker zu tun hat? Franz Schütte hatte die Plastik

»Hier ist mein Werk verloren« – erst im zweiten Anlauf erhielt das neue Parkviertel 1905 ein Kunstwerk

in Rom gekauft und einen Platz im gerade entstehenden Bremer Parkviertel ausgesucht. Der

Künstler kam, sah und stöhnte: »Hier ist mein Werk verloren!« Darauf der Mäzen: »Stellen Sie den ›Rosseführer‹ in Bremen auf, wo Sie wollen, wenn Sie mir für diesen Platz ein neues (...) Werk schaffen.« *Und nur aus diesen Grund is' da also von 1905 an der halb nackte Friedrich III. am Reiten und musste der Kerl mit sein Pferd und noch weniger an inne Wallanlagen.*

Einem antiken griechischen Philosophiegleichnis folgend, steht der »Rosselenker« übrigens für die Vernunft, die sich gegen die starken Triebe des Menschen, die »Rosse«, durchsetzen muss, um diese schließlich am »Zügel zu führen«. Und so kennt die Kunstgeschichte viele Skulpturen, die »Rosselenker« oder »Rosseführer« heißen (und der Volksmund der NS-Zeit die Bezeichnung »Gauleiter«). Vor dem Krieg konnte Tuaillons Werk in der Kunsthalle gesichert werden, aber danach und zurück in den Wallanlagen auf Dauer nicht vor dem Bremer Wetter, weshalb dort seit 1986 ein robusterer Neuguss Dienst tut als eines der schönsten Kunsthighlights der Stadt.

rumpüstern

meint, ohne Unterbrechung alles zu Erledigende abarbeiten, z.B. Einkaufen, Autowaschen, Rasenmähen. Beim Rumpüstern ist darauf zu achten, zwischendurch auch mal einen kurzen Schnack einzubauen, sonst artet die Tour in Hektik aus.

Sabbelbüdel → Büdel → klönen

Schadjanix → Nüdschanix

Schafferinnenmahl

Weil sie nicht bis zur frühestens an St. Nimmerlein vermuteten Satzungsänderung von Haus Seefahrt warten wollten, gründeten Bremerinnen der Arbeitsgemeinschaft sozialdemokratischer Frauen 1975, dem internationalen Jahr der Frau, aus Protest, dass das Schaffermahl wohl noch auf ewig eine reine Männerangelegenheit bleiben würde, das »Schafferinnenmahl«. Seither trifft sich eine etwa 100-köpfige Frauenrunde jeden Herbst zu einem Festmahl im Haus der Bürgerschaft. Im Gegensatz zur Veranstaltung schräg gegenüber ist nicht ein sozialer Stiftungszweck der Aufhänger, sondern geht es darum, frauenpolitischen Themen im Allgemeinen ein Forum zu schaffen und die Solidarität unter Frauen zu fördern. Ganz ähnlich wie bei den Männern werden renommierte und mitunter bundesweit sehr populäre Referentinnen als Ehrengäste geladen.

Kapitäne und Kaufleute rauchen bei der Schaffermahlzeit die langen Tonpfeifen

Schaffermahlzeit

Es ging ihnen ja offenbar um generelle politische Positionen, aber dennoch gilt: Schlecht informiert und genial daneben lagen die wilden Kritiker, die die Schaffermahlzeit in den 1980er Jahren mit Worten und Plakaten kämpferisch als »Elitäres Schaufressen« bezeichneten. Dass alljährlich am zweiten Freitag im Februar in der Oberen Rathaushalle nicht gerade Hinz und Kunz zusammen Stockfisch, Kohl und Pinkel essen, ist bekannt – weniger aber der edle Sinn und Zweck als Hintergrund der ganzen Veranstaltung, die zugleich die bekannteste und ehrwürdigste Bremer Tradition darstellt. Drei kaufmännische »Schaffer« übernehmen die Organisation und die gesamten Kosten des Essens, und »herangeschafft« wird dabei vor allem Spendengeld. Jeder geladene Gast kennt seine Pflicht, → Haus Seefahrt zu unterstützen, eine seit 1545 bestehende Stiftung zur Sozialversorung alter Seeleute sowie deren Ehefrauen und Witwen. Haus Seefahrt darf somit seine Schaffermahlzeit als ältestes fortbestehendes und sich alljährlich wiederholendes Brudermahl der Welt benennen. Der feste Februartermin rührt daher, dass man zum Schaffermahl am Ende der Winterliegezeit der Schiffe zusammenkam und sich für die nächste Reise verabschiedete (s.a. → Seefahrtsbier). Schon seit diesen Zeiten gelten rund um Stiftung und Schaffermahlzeit straffe Regeln (»Wir können doch nicht alle 200 Jahre die Satzung ändern!«, bemerkte einmal ein »Verwaltender Vorsteher« der Stiftung). Auch die Abfolgen der Speisen und Reden stehen bis ins Kleinste fest, und hier nur zwei besonders große Unumstößlichkeiten der langen Tradition: Auswärtige Gäste können nur einmal eingeladen werden (Theodor Heuss und Horst Köhler waren zweimal da, Heuss aus Versehen, bei Köhler war es dann auch egal) und Frauen gar nicht (Barbara Massing und Angela Merkel zählten bei ihren Besuchen 2004 und 2007 nicht als Frauen, sondern lediglich als Kapitänin und Bundeskanzlerin). Erstgenannter Regelbruch bezieht sich allerdings nur auf Bundespräsidenten, und der zweite ist heute gar keiner mehr, denn seit 2015 sind auch weibliche Gäste geladen.

Schandudel

Blödsinn, schier Schandudel = rein aus Quatsch

Schanne wert! → Heini Holtenbeen

Scharskarken (und St. Ansgarii)

Mit zwei nicht weiter zu beachtenden → R-Buchstaben macht auch mundfaulen Nuschelbremern die Aussprache des Wortes Scharskarken kaum Mühe. Die phonetisch klare Artikulation von »Sankt Ansgarii-Kirche« ist dagegen eine Turnübung. Dennoch sind beide ein und dasselbe, nämlich Übersetzungen von »Ansgars Kirche«.

Rückblende ins Jahr 845:

Brennende Häuser, Leichen von Erschlagenen und Todesschreie beherrschen die »Hammaburg« genannte Siedlung nahe der Elbe am linken Alsterufer. Wikinger sind dort gelandet und legen alles in Schutt und Asche. Auch den Dom. Ansgar, der Bischof, flieht an die Weser, und mit ihm hat Bremen seinen ersten (Erz-)Bischof. Nach seinem Tod 865 wird Ansgar heiliggesprochen und später »Apostel des Nordens« genannt.

Rückblende ins Jahr 1250:

An der Obernstraße, schräg gegenüber der Pieperstraße, endet nach mehr als 20 Jahren der Bau einer großen Kirche, es soll

Ansicht der »Scharskarken« am Ansgarikirchhof. Die lavierte Federzeichnung fertigte B.H. Wienberg im Jahr 1839, sie gehört heute zu den vielen Grafikschätzen des Focke-Museums

zu Ehren des ersten Erzbischofs »Ansgars Kirche« werden. Aber Hochdeutsch gibt es damals noch nicht. So können die Bremer über die plattdeutsche Übersetzung »Anschars Kark« herfallen und sie zur besagten »Scharskark« (oder »Scharskarken«) verstümmeln. Auf Latein heißt Ansgar Ansgarius und des »Ansgars Kirche« somit »ecclesia Ansgarii«. Die Kirche wird im Zweiten Weltkrieg zur Ruine, später abgerissen und an der Schwachhauser Heerstraße neu gebaut (→ Kirchenallee).

Rückblende ins Frühjahr 2010, Telefonanruf im Kirchenbüro: »Unbedingt zwei ›i‹! Das wird dauernd falsch gesagt, schreiben Sie Ansgarii auf jeden Fall mit beiden ›i‹s, es gibt in Bremen keine Ansgarikirche, nur die Straßennamen haben nur ein Doppel-i.«

scheesen

steht bremisch für eilen, rennen

Scheibchenvillen

→ Behéryczhausen

Scherkohl

»Grünkohl, dessen zarte und unmündige Frühlingstriebe man genusssüchtig abschneidet und verzehrt, wird in Bremen ›Scherkohl‹ genannt. Dem Bremer gilt er als Gottesgeschenk für den Gaumen.

Die Einstellung des Nichtbremers zu ihm ist Glückssache.« So beschrieb Karl Lerbs den Scherkohl, der, nach dem Zweiten Weltkrieg etwas in Vergessenheit geraten, heute wieder als Bremer Spezialität auf dem Domshof-Markt angeboten wird. Gemeint ist dabei aber nicht jedweder erster Kohl – ob braun oder grün –, sondern vielmehr eine bestimmte, leicht nussig schmeckende Sorte.

Schietbüdel

ist ein Kosename für kleine Kinder und eigentlich ein plattdeutscher Ausdruck für eine Windel. Wer verärgert ist und einen ausgewachsenen »Scheißkerl« meint, schimpft ihn »Brechangel«.

Schieten-Alfes

machte Gold aus dem vorderen Teil seines → Ökelnamens. Ende des 19. Jahrhunderts lagen Straßenreinigung, Müll- und Fäkalienabfuhr Bremens in den Händen des äußerst erfolgreichen Neustädter Fuhr- und Straßenbahnunternehmers Heinrich Alfes. Er übernahm von der Stadt sämtliche Fäkalien und verkaufte sie als Dünger an die Bauern. Doch das einträgliche Geschäft geriet mit der fortschreitenden Industrialisierung und dem damit verbundenen Wachstum Bremens an seine Grenzen. Die Land-

wirte konnten die ständig steigen-
de Menge, die Alfes Männer (»Jan
Schiet« genannt) anfuhren, nicht
mehr verarbeiten. Wer starke Nerven hat, darf jetzt weiterlesen und
erfahren, wie Schieten-Alfes das
Problem löste: mit Poudrette. 1894
richtete er auf seinem Betriebs- und
Lagerhof am Arsterdamm (»Alfes
Schietbarg«) seine Poudrette-Fab-
rik ein. Um darin Fäkalien lagerfähig
zu machen, wurden sie zunächst
mit Schwefelsäure verrührt, dann
erhitzt und über Verdampfung und
Zufügung von Verdickungsmitteln
zu einem Brei verarbeitet, der anschließend getrocknet wurde. Der
Gestank soll infernalisch gewesen
sein und trug dazu bei, dass 1902
eine gesetzliche Neuregelung der
Entsorgung beschlossen wurde. Ein
ganz anderer öffentlicher Gestank
war »Claessens' Mief« (→ Vorder-
und Hinterwagen).

Schinner-Vorstadt

lautete vor gut hundert Jahren der
wenig freundliche Beiname für
den heutigen Stadtteil Findorff,
der damals gerade als »Nördliche
Vorstadt« entstanden war. Während weiter westlich in Walle und
Gröpelingen die Arbeiter wohnten, siedelten sich hier auf den
höherwertigen Grundstücken die
sozial besser gestellten Angestell-
ten und Beamten an – von Westen

aus gesehen also die »Schinder«
(= *Schinner*) der Proletarier. Der
offizielle Stadtteilname »Findorff«
besteht erst seit dem Jahr 1951.

Schlachte

Die Schlachte hat nichts mit den
Bremer Knochenhauern zu tun,
wie die Schlachter bis 1860 in
der Stadt genannt wurden, sondern ihr Name wird eher vom
Einschlagen der Pfähle hergeleitet, die dort zur Befestigung
des Weserufers dienten. Ende
des 16. Jahrhunderts wurde eine
feste Kaje gebaut, von der aus
das Be- und Entladen der Schiffe
erfolgte. Die Muskelkraft der als
»Maskupdräger« genossenschaft-
lich organisierten Hafenarbeiter
(von niederländisch Maatschapij
= Gemeinschaft) wurde durch
»Wuppen« genannte hölzerne
Wippkrane unterstützt. Von der
Schlachte aus führten fünf große und zwei kleine Durchlässe,
die »Schlachtpforten«, durch die
Stadtmauer. In der zweiten Hälfte des 19. Jahrhunderts verlor die
Schlachte samt den stromabwärts
gelegenen Packhäusern ihre Bedeutung als Umschlagsplatz an
den → Freihafen, blieb aber weiterhin Anleger für Fahrgastschiffe
(→ Schreiberdampfer).
Kurz nach dem Zweiten Weltkrieg erfolgten der Bau einer

Die 1842/43 entstandene Lithografie zeigt den regen Betrieb an der Bremer Schlachte. Links die Anlegestelle der Fährverbindung mit der Neustadt. In der Verlängerung der Wassertreppe ist das Hofschlaegersche/Pflügersche Haus zu erkennen. Seine im Zweiten Weltkrieg gerettete Fassade wurde 1957/58 an der Westseite des Marktplatzes dem Neubau der Sparkasse vorgebaut

Uferpromenade unterhalb der Schlachte und 1993 die Errichtung einer Fußgängerbrücke zum Teerhof. Seit 2000 präsentiert sich die Schlachte nach zweijähriger Umgestaltung als Promenade mit vielen Lokalen, schattigen Biergärten und gutem Ausblick auf die Weser. Schönster Blickfang ist die »MS Friedrich«, ein 1880 vom Stapel gelaufenes Fähr- und Hafenrundfahrtsschiff von 17 Metern Länge. 1963 wurde es von der Schreiberreederei stillgelegt, heute kümmert sich ein Verein um Erhalt und Fahrbetrieb.

Schlüssel → Bremer Schlüssel

Schnack

Abgeleitet von plattdeutsch snacken für sprechen, reden, erzählen, kann ein Schnack zweierlei meinen: 1. Ein Schnack als Gespräch, das sich in der Regel zufällig ergibt, wenn z.B. zwei Bekannte aufeinandertreffen. Er ist zwar mehr als ein flüchtiges »Guten Tach und guten Weg«, entwickelt sich aber in der Regel auch nicht als konkrete Unterhaltung über ein bestimmtes Thema. Man → klönt nur ein bisschen und geht dann seiner Wege. 2. bezeichnet Schnack eine Redewendung, z.B.: »Er freut sich wie ein → Stint«, → »Da nich für« oder »Da → luur up!«. Auch »Halt dich nicht im Schnack auf!« ist ein Schnack, und zwar die Mahnung an jemanden, seine Sache zügig durchzuführen.

Schnoor, Snoor

plattdeutsch für Schnur. Die Straße im gleichnamigen Quartier in der östlichen Altstadt heißt so, weil sie weitgehend gerade verläuft, so gerade eben wie eine Schnur, an der entlang sich die Häuser reihen.

Schoßkind des Rates

→ Herrlichkeit → Neustadt

Schötteldör

ist bremisch für französisch: J'ai l'honeur! (de boire à votre san-

té), was auf Hochdeutsch heißt: Ich habe die Ehre (auf Ihr Wohl zu trinken). Schötteldör soll sich in der → Franzosenzeit in Bremen als Trinkspruch festgesetzt haben. Aber keine Geste ohne Gegengeste, und so erwidert der Bremer freundlich ein Wrummsi!, was auch gemütlicher und norddeutscher klingt als der französische Dank: Je vous remercie.

Schrebergärten → Parzelle

Schreiberdampfer

wurden die weißen Fahrgastschiffe für Wesertouren und Hafenrundfahrten genannt. Otto W.A. Schreiber hatte 1926 mit sei-

»Und nun schauen Sie nur an Steuerbord den Turm mit unserer modernen Hafentechnik – rundum sichtbar zeigt oben ein Rollbandpegel den aktuellen Wasserstand.« Der noch heute fahrbereite Schreiberdampfer »Friedrich« 1928 auf Hafenrundfahrt vor Schuppen 13a im »Hafen II« (Überseehafen)

nem Bruder Franz eine Binnenschiffsreederei gegründet und bald auch Hafenrundfahrten angeboten. Seit 1948 liegt der Anleger der Schreiberdampfer an der → Schlachte bei der Martinikirche. Die Reederei wurde samt den beiden Schiffen »MS Oceana« und »MS Hanseat« 2002 von der Hal-över GmbH übernommen.

Schrottkiste → Bremer
Schrottkiste

Schuppen/Speicher

Sie stehen hinten im Garten, dienen auf Bauernhöfen vielleicht als zugiges Holzlager oder beherbergen eine kleine Werkstatt mit Hobelbank – so stellen sich viele Binnenländer einen Schuppen vor und denken bei Speicher eher an Computer oder Dachböden. In der Hafenstadt Bremen waren beide Begriffe wichtige Teile im ausgeklügelten System des Hafenumschlags, das mit dem Bau der → Freihäfen begann und mit Anbruch des Containerzeitalters endete (→ TEU). Die von den Schiffen gelöschten Waren gingen entweder zum baldigen Weitertransport in die teils über 400 m langen Schuppen, oder sie wurden zur längeren Einlagerung weiter in die Speicher gebracht. Bremen

Die Eisenbahn spielt im ausgeklügelten »Bremer System« eine wichtige Rolle. Auf der Kaje und links und rechts der Fahrstraße zwischen Schuppen und Speicher verlaufen Gleise und ermöglichen zügigen Umschlag auf die Bahn

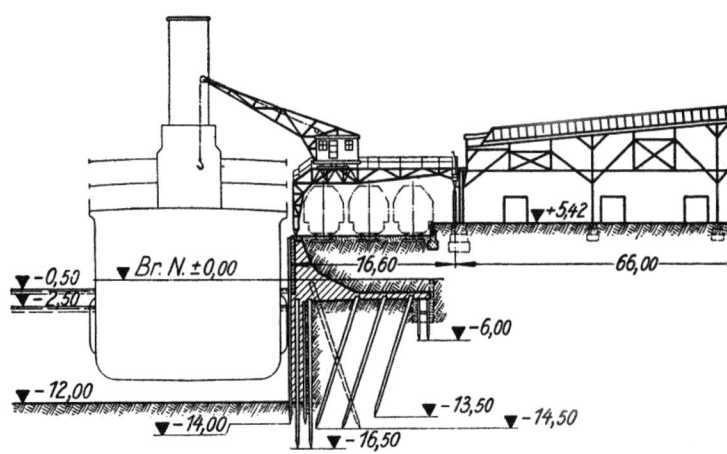

galt als besonders leistungsfähiger »Eisenbahnhafen« mit mehr als 250 Kilometer Gleisen und 1800 Weichen, und im Überseehafen lagen Schienen sowohl zwischen Schiff und Schuppenrampe als auch in der Ladestraße zwischen Schuppen und Speicher. Im Rahmen der Umwandlung des ehemaligen Freihafengebietes in den Investitionsgiganten → Überseestadt sind einige der alten Schuppen und imposanten Speicher erhalten.

Schüsselkorb

Wenn sich der Grundriss einer Stadt nicht groß verändert, können Straßennamen bauwütige Bürger und Stadtherren und selbst Feuersbrünste und Bombennächte überstehen. Auch in Bremen gibt es seit Jahrhunderten unverändert

heißende Straßen und Plätze. Sie erzählen Geschichte, mal banale (die Langenstraße ist eine lange Straße, Am Deich liegt am Deich), mal interessante Hintergründe (→ Blanker Hans, → Contrescarpe) und mal verloren gegangene oder nicht sicher zu rekonstruierende Zusammenhänge, wie eben im Fall des Schüsselkorbs: Hängt »Korb« mit einem Korf als einem Gehege zusammen, oder kommt es von Kave (= Stall)? Stammt die »Schüssel« von dem Verb schütten im Sinne von zusammenführen, z.B. von Vieh? Oder meint der Korf einen Raum, in dem vielleicht doch Schüsseln als Behältnisse gelagert wurden (möglicherweise in Zusammenhang mit dem nahen Katharinenkloster)? Es wird weiter geforscht und gerätselt werden, aber bis eine mittelalterliche Quelle

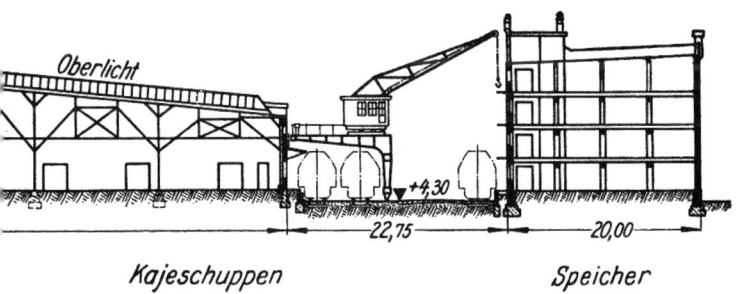

Kajeschuppen   Speicher

Dachpartie von »Haus Schütting« kurz nach der aufwendigen Fassaden- und Dachsanierung 2009

mit neuen Hinweisen auftaucht, ist Tag für Tag am Schüsselkorb doch nur eines wichtig, nämlich dass bloß die Bahn nicht wieder vor der Nase wegfährt!

Schütting

Als nach der aufwendigen Fassaden- und Dachsanierung im Herbst 2009 die Planen und Baugerüste vom Schütting entfernt wurden, rieben sich die Bremer die Augen. Bremens gute Stube, der Marktplatz, war erfüllt von neuem und altem Glanz zugleich, denn der Schütting hatte 65 Jahre nach seiner weitgehenden Zerstörung im Zweiten Weltkrieg sein altes Kupferdach samt Gauben und 23 vergoldeten Firstspitzen zurückerhalten. Es gibt zwei Erklärungen für den Namen Schütting: Er könnte ein Mitbringsel Bremer Norwegenfahrer gewesen sein, denn in Bergen unterhielten die Kaufleute ein »Scoting« genanntes Haus. Oder er leitet sich tatsächlich von »schütten« ab, da dort die Ein- und Ausgaben der kaufmännischen Vereinigungen eingingen und zur Ausschüttung kamen. 1444 zogen die Kaufleute aus dem ersten, in der Langenstraße gelegenen Schütting in ein Haus mit Ausschank an die Südseite des Marktes, auf dessen Grundstück sie 1537/38 den heutigen Bau mit Gastwirtschaft im Untergeschoss errichteten. Einige Jahre nach der → Franzosenzeit wurde die Fassade neu gestaltet und der Eingang in die Mitte der Front verlegt. Seit ihrer Gründung 1849 ist der Schütting Sitz der Handelskammer, und seit der Verschönerung der Fassade Ende des 19. Jahrhunderts prangt in goldenen Lettern der kraftvolle, nicht nur für Kaufleute geltende Spruch über dem Portal → Buten un binnen/ Wagen un winnen.

Schutzmannshausen

gab es im Volksmund für mehrere Bremer Ecken. Das erste benannte eine 1952 fertiggestellte Zeilensiedlung der Beamtenbaugenossenschaft am Rande der Östlichen Vorstadt, Ecke Hamburger Straße/Georg-Bitter-Straße. Hier entstanden Wohnungen vor allem für Polizeibeamte, das Eckhochhaus mit Junggesellenwohnungen blieb wegen Baugrundproblemen ungebaut. Drei Jahre später fand an der Georg-Droste-Straße die Grundsteinlegung für 33 Dreifamilien- und sieben Zweifamilienhäuser (Architekt Hans Wachenschwanz) statt. Bauherrin war die Baugemeinschaft Bremer Polizeibeamter e.V., auf deren Initiative 1958/59 am Ledaweg in Horn ein weiteres Schutzmannshausen entstand.

Schwartauer Kreis

wird in der höheren bremischen Verwaltung das Treffen der Senatoren genannt, währenddessen sie sich gemeinsam mit dem Chef der Senatskanzlei auf die kommende Senatssitzung vorbereiten. Die Runde tagt frühstückend im Gobelin-Zimmer des Rathauses, und wer jetzt immer noch nicht darauf kommt, warum »Schwartau« in die Bezeichnung der Sitzung gelangt ist, muss eben noch ein bisschen weiter nachdenken – Marmeladenwerbung gibt's hier nicht.

Als der Senat in früheren Zeiten am frühen Nachmittag tagte, hieß die Vorläuferin des Schwartauer Kreises schlicht »Suppenrunde« (und damals gab es auch noch das → Bremer Frühstück des Senats).

Schwarzer Kurfürst

sagten manche Bremer, als die wie eine schwarze Wand an der Grenze zwischen der Vahr und Schwach-

Der große Kurfürst – soeben erbaut und noch als mächtig schwarze Erscheinung

hausen sich hoch auftürmende Wohnanlage → Großer Kurfürst 1972 fertiggestellt worden war. Hintergrund sind die dunkel anthrazitfarbenen Faserzementplatten, mit denen die Fassade verkleidet wurde.

Schweine

Kurzform für die bronzene Figurengruppe einiger Schweine samt Hirte und Hund am Eingang zur Sögestraße. »Wir treffen uns bei den Schweinen!« wird in Bremen vermutlich nicht weniger häufig vereinbart als entsprechende Verabredungen »beim Roland«. Die Rücken der Schweine sind seit der Aufstellung 1974 von Wartenden und Kindern genauso blank gesessen, wie die beiden Vorderläufe des → Stadtmusikantenesels

Auch ein Hirte und ein Hund gehören zu den »Schweinen« in der Sögestraße

abgegriffen wurden. Vater der Schweine war der aus Bremen stammende Bildhauer Peter Lehmann (1925 – 95).

Schweizer Viertel

Das Wohnquartier liegt mit Straßennamen zahlreicher Schweizer Städte und Kantone bei der Zürcher Straße in Osterholz und Blockdiek, wo übrigens die Geschosszahlen einiger der Wohnhochhäuser so weit in den Himmel ragen wie im Vergleich zum Rest Bremens die Preise der Grundstücke und Eigenheime in der → Bremer Schweiz in Bremen-Nord.

Sechs-Tage-Rennen → Freimarkt im Januar

See-anzen → Tischerücken

Seefahrtsbier

ist ein dunkles Malzbier und wird nur einmal im Jahr bei ABInbev (→ Beck's) gebraut, nämlich zur → Schaffermahlzeit. Es soll nicht besonders schmecken, aber gut gegen Skorbut sein. Da man einst bald nach der Schaffermahlzeit wieder in See stach, machte das ja auch Sinn. Noch heute wird das Seefahrtsbier aus großen Silberhumpen getrunken, die mit dem Gruß »Gute Reise« von Hand zu Hand gehen.

Die Semkenfahrt am Ende eines schönen Wintertags

Semkenfahrt

Semkenfahrt hieß ein alter Schiff-fahrtskanal zwischen Hamme und Wümme. Bei der Wümmeschleuse in Dammsiel (bei der Gaststätte »Gartelmann«) beginnt die »Neue Semkenfahrt«, die durch das Blockland nach Bremen führt und ebenfalls Teil der Kanalverbindung für den Torfkahnverkehr zwischen dem Teufelsmoor und Bremen war. Aber die Zeit, als → Jan von Moor seinen Brennstoff im Findor-fer Torfschiffhafen anlandete, ist längst vorbei, und heute steht der Name »Semkenfahrt« vor allem für das Eisvergnügen, das, wenn die Witterung kalt genug ist, halb Bre-men auf die Beine und in Richtung Müllverbrennungsanlage bringt. Rechtzeitig vor stärkerem Frost-wetter sorgt der Bremer Eisverein

für die Überschwemmung der ge-samten Strecke zwischen Auto-bahn und Wümmedeich um einige zehn Zentimeter. Sinken die Tem-peraturen dann länger unter null Grad, entsteht parallel zur Neuen Semkenfahrt eine kilometerlange Natureisbahn. War es beim Gefrie-ren des Wassers auch noch wind-still, ist ein extraglattes Ergebnis garantiert. Tipp: Wer dann noch keine Schlittschuhe hat, kann sich den Weg in die Stadt sparen – sie sind ausverkauft.

Schön ist auch die Rundfahrt auf Kufen auf den Wasserläufen des → Bürgerparks (Vorsicht unter den Brücken!) und auf dem Wall-graben (klassisch altbremisch). Neuer altbremisch: Vor dem Bau von Blocklandautobahn und Uni-versität gab es Bremer Kinder und

Erwachsene, die sich in passenden Wintern in die Bahn nach Ottersberg setzten – und von dort auf Schlittschuhen über die Wiesen fuhren, bis sie über den Kuhgraben am Bürgerpark ankamen.

Senat → Rat

Senatsschiffchen

Das Senatsschiffchen ist nichts mehr und nichts weniger als ein Exemplar der früher in vielen norddeutschen Kneipen auf dem Tresen stehenden Sammelbüchsen in Form eines historischen Rettungsbootes der DGzRS (= Deutsche Gesellschaft zur Rettung Schiffbrüchiger). Doch dies steht nicht irgendwo zwischen Bier und Köm, sondern im Senatssaal des Bremer Rathauses. Hans Koschnick (→ Manitu, der große) hatte für die Aufstellung gesorgt. Dort wartet es seither, bis eine/r der anwesenden Stadtväter oder -mütter sich zum Gebrauch eines heftigen Ausdrucks entschließt. Denn bevor dies *an 'n' fürsich* ungebührliche Gebahren in die Tat gesetzt werden darf, hat der oder die Betreffende eine Münze den armen Seeleuten zu widmen. Erst dann darf Dampf abgelassen werden.

Erst spenden, dann motzen. Zwischen dem neuen Bürgermeister Klaus Wedemeier und Staatsrat Hans-Helmut Euler mahnt das Senatsschiffchen, sich nicht im Ton zu vergreifen. Foto vom 24. September 1985

Sieht doch ganz bequem aus!

Sessel des lieben Gottes

Kaum war die vom Bremer Architekten Carsten Schröck entworfene Auferstehungskirche 1959 fertiggestellt, hatten die Hastedter schon ihren eigenen Namen für den modernen Bau kreiert: der Sessel (oder Thron) des lieben Gottes. Auch St. Lukas, Schröcks 1962/63 errichtete Grollander Kirche hatte bald die Fantasie angeregt und es dabei gleich zu drei Namen gebracht: Achterbahn, Austerkirche und Babywaage.

Sieben schwarze Raben

»›Ich wollte, dass die Jungen alle zu Raben würden.‹ Kaum war das Wort ausgeredet, so hörte er ein Geschwirr über seinem Haupt in der Luft, blickte in die Höhe und sah sieben kohlschwarze Raben auf- und davonfliegen.« *Tsche, so'n Schiet* – das kommt davon, wenn man als Vater nicht nur ein → Bullerballer ist, sondern sich in seiner Wut auch noch gefährlich in Verwünschungen versteigt. Alles nachzulesen in Grimms Märchen (KHM 25), in dem ein Mann ungerechtfertigt gegen seine Söhne grollt. Schon viele Jahrzehnte bevor 1975 Bremen mit

Freie Bahn für Grollander Assoziationen: St. Lukas im Bau

Teils verdeckt, aber vollzählig: die sieben schwarzen Raben des alten Dampfkraftwerks Hastedt (der gemauerte Schornstein links gehört nicht zum Märchen)

den → Stadtmusikanten Station der touristischen »Deutschen Märchenstraße« wurde, war der Titel dieses Märchens in Bremen fest in Hastedt verortet und die bekannte Benennung der sieben dicht beieinanderstehenden schwarzen Schornsteine des 1905/06 in Betrieb gegangenen Dampfkraftwerks. Im Krieg stark zerstört, entstand dort Ende der 1980er Jahre ein Neubau, und 2014 nahm die swb mit dem 445 Megawatt leistenden kombinierten Gas- und Dampfturbinenkraftwerk (GuD) ein Gemeinschafts-

kraftwerk in Betrieb. Der neue Block ist damit so leistungsstark, dass nach den schon lange abgerissenen »Sieben schwarzen Raben« nun auch die allerhöchste Bremer Erhebung bald hinfällig werden dürfte, nämlich der 256 Meter hohe Schornstein des nicht mehr benötigten Kraftwerks Hafen.

Siehscha wohl, nöch?

Das wirst du doch wohl (ein)sehen, nicht wahr?

Skee-zo → Muscha

S

slecht

ist gar nicht gut. Wird jedoch etwas als *nicht ganz slecht* bezeichnet, dann kann dies schon fast als
großes Lob verstanden werden.
Denn sich mit »Wow, super toll,
irre gut, du!« zu überschlagen, ist
unter → Hanseaten im Allgemeinen nie gut angesehen.

sludern

mit jemandem schlecht über Dritte reden. Das gehört sich keinesfalls, und wenn es doch mal sein
muss, dann eignen sich dazu ganz
hervorragend die schönen alten
Innenstadt-Cafés (→ Kaffee).

Slump

Wer den gehabt hat, dem half ein
glücklicher Zufall.

Sommer in Lesmona → Les-
mona

Sonn'nbrülle

Brillengestell mit getönten Glä-
sern zur Abmilderung blendenden
Sonnenlichts

Soß ma sehn

In der Regel zu hören zur beruhi-
genden Überzeugung, dass eine
Angelegenheit ihr gutes Ende nehmen wird (»Wart's ab, das wird
schon!«) oder aber als: »Wart's
ab, ich hab' doch recht!«.

Space-Park → Einkaufszent-
rum mit Rakete

Speck → Pluckte Finken

Speckaal

Tiefschwarz und vor lauter Fett
schön glänzend: geräucherter
Aal, eine norddeutsche Spezialli-
tät (plattdeutsch = Spickaal). Sie
bekommt nicht jedem, ist aber
dennoch sehr schmackhaft – oder
etwa nicht, Tante Doris? »Speckaal –? Nee, da kannste mich mit
dschagen. Un das ist auch man
gut, dass ich den nich mag; denn
wenn ich'n möchte, denn äss ich'r
ümmerzu von, un ich kann'en gar
nich vertragen.« (s.a. → Döntje).
Und die Bremer Variante der Warnung, dass ein Bärenfell erst dann
sinnvoll zum Verkauf angeboten
werden sollte, wenn das Tier bereits erlegt ist, könnte hübsch und
direkt lauten: *Ich würd' an deiner
Stelle nix von S-peckaal sagen,
wenn ich ihn nich zwischen die
Zähne hätt'!* Als Schiffsladung
bezeichnet »Speckaale« zum
Rostschutz dick eingefettete, ge-
bündelte Langeisen oder Röhren.

Speckflagge

Bis ins 17. Jahrhundert zeigen die
wenigen überlieferten Darstellungen von Bremer Flaggen ein-
heitlich rot-weiß quer gestreiftes

Oben »Speckflagge« pur, darunter die »Staatsflagge« mit dem mittleren Staatswappen und ganz unten das »Flaggenwappen«, auf dem gleich drei Löwen zu sehen sind

Tuch. Dann kam jemand auf die Idee, nahe am Stock, und zwar genau den Abstand einer Streifenhöhe davon entfernt, ein kleines, ebenso breites Stück des Stoffes auf ganzer Höhe herauszuschneiden, um ihn dann, wiederum genau eine Streifenbreite versetzt, neu einzunähen. Heraus kam ein

Design, das an der betreffenden Stelle an gewürfelten Speck erinnerte. Damit war zweierlei entstanden, nämlich eine neue Flagge und ein Name dafür. Später wurde festgelegt, dass der oberste Streifen rot und der unterste weiß zu sein hat. Damit die Speckflagge samt Bremer Wappen als Staatsflagge gelten darf, muss sie mindestens achtmal gestreift sein. Das »Flaggenwappen« mit dem großen Wappen (und einem dritten Löwen mit → Bremer Schlüssel über dem Helm) zeigt mindestens zwölf Streifen.

Spontifex maximus

lautet einer der Beinamen von Bremens Bürgermeister Henning Scherf. Unkonventionell, energiegeladen und kaum zu beirren war er als Juso und Neusenator, was ihm unter Berücksichtigung seiner Körperlänge (2,04 m) den »Spontifex maximus« bescherte. Ein weiterer → Ökelname für ihn ist der »Omaknutscher«, den er sich durch seinen herzlichen, auch die unmittelbarste Nähe nicht scheuenden Umgang mit allen Bürgerinnen und Bürgern erworben hat (»Die Oma bleibt nicht ungeküsst, wenn Henning in der Nähe ist«, reimten die Kollegen im Rathaus). Zum »König von Bremen« wurde Scherf, als er

Henning Scherf als Ritter des »Ordens wider den tierischen Ernst«. Allein das Foto lässt ahnen, dass die Stadt Aachen im Jahr 2004 mit dem Bremer eine gute Wahl getroffen hat

Der Spuckstein auf dem Domshof

gemeinsam mit Bernd Neumann und dessen CDU die Große Koalition (1995–2005) auf den Weg gebracht hatte.

Spuckstein

In Bremen ist das Ausspucken in aller Öffentlichkeit einigermaßen toleriert – aber nur (und zielgenau) auf einen einzigen Pflasterstein im Südosten des Domshofes. Dieser ist mit einem eingeritzten Kreuz versehen und markiert seit 1831 die Stelle, an der im April jenes Jahres die verurteilte 15-fache Giftmörderin Gesche Gottfried hingerichtet wurde. Nicht viel appetitlicher als das öffentliche Abtrennen eines Menschenkopfes und 180 Jahre Ausspucken: Ihr in Spiritus ein-

gelegtes Haupt wurde ausgestellt und war gegen Gebühr zugunsten des Waisenhauses öffentlich zu besichtigen. 1931 bis 1935 gab es keinen Spuckstein, er war entfernt worden, als findige Nazigegner das Kreuz mit Hammer und Meißel in ein Hakenkreuz verwandelt hatten.

Stadt

Wer *inne S-tadt gehn will*, der steuert den Bereich der Bremer Innenstadt etwa zwischen Domshof und Brill an und wird in den meisten Fällen etwas einkaufen (»besorgen«) wollen. Traditionell begrenzt der rechts der Weser gelegene Teil des Wallrings die Bremer City (von nicht anglofon Aufgewachsenen gern auch mal als *Zitti* zu hören).

Stadthalle → Boljahneum
→ Freimarkt im Januar

Stadtmusikanten, Die Bremer

Das von Jacob und Wilhelm Grimm in ihre Sammlung aufgenommene Märchen handelt von einem Esel, einem Hund, einer Katze und einem Hahn und macht ganz nebenbei den Namen der Stadt bekannter als der → Bremer Schlüssel, → Beck's, → Werder und die Herren → Kreutznaer und → Roland zusammen. Die Kurzform geht so: Die vier Tiere verlassen je ihr Zuhause, da ihnen dort der sichere Tod droht. Gemeinsam hoffen sie, in Bremen als Musikanten ihr Auskommen zu finden. Auf der Suche nach einem Nachtlager entdecken sie zufällig ein von Räubern besetztes Haus. Sie dringen gewaltsam durch das Fenster ein, hinter dem die Räuber gerade zu Abend essen. Durch den Überraschungseffekt und die gute Idee, sich beim Angriff der Größe nach übereinanderzustellen und dabei laut zu schreien, flößen sie dem eigentlich stärkeren Gegner große Angst ein. Die Räuber fliehen, die vier haben das Haus für sich. Das Schicksal selbst in die Hand nehmen, sich mit anderen zusam-

Die blanken Vorderläufe des Esels zeigen, dass die meisten Leute wissen, wie das mit dem Wünschen richtig funktioniert

mentun, etwas riskieren und gemeinsam Ziele verfolgen, mutig einen Plan fassen, umsetzen und den Sieg feiern – die »Moral von der Geschicht'« ist vielfältig; es gibt Spannung, Action und viel Platz zum Ausschmücken beim Nacherzählen. Allerdings weisen vor allem → Butener gern darauf hin, dass die vier nie bis Bremen gekommen sind, und überhaupt: Bremen sei doch erst in einer späteren Fassung des Märchens in den Text aufgenommen worden. Außerdem ist das Eindringen in das Haus und der Angriff auf die Räuber auch nicht gerade als feine Art und pädagogisch einwandfrei zu betrachten. Sei's drum, am Ende ist doch nur eines wichtig: Wer sich von den Stadtmusikanten was wünschen will, muss auf dem Liebfrauenkirchhof beide Vorderfüße des Esels umfassen, sonst geht da schon mal gar nichts in Erfüllung. Die zwei Meter hohe Bronzeplastik entstand 1952 als ein Werk des Bildhauers Gerhard Marcks (1889 – 1981), dessen künstlerischer Nachlass in der Ostertorwache neben der Kunsthalle verwahrt wird.

Stadtstaat → Zwei-Städte-Staat

Stadtwald → Bürgerpark

Stadtwaldsee

Der Stadtwaldsee liegt im Stadtwald, und zwar seit 1909. Dass dies überhaupt erwähnenswert ist, liegt an einem anderen Gewässer, nämlich dem nur wenige Hundert Meter entfernten, 28 Hektar großen und bis zu 15 Meter tiefen Baggersee, der um 1970 zwischen Stadtwald und Autobahn entstand. Der Aushub wurde für die Großbaustelle der Bremer Universität benötigt, weshalb der bald als Badeplatz sehr beliebte See allgemein nur »Uni-See« genannt wurde. Aber weil den amtlichen Kartografen der Name wohl einerseits zu lax erschien und sie vielleicht andererseits den Stadtwaldsee zu lange nicht von Nahem gesehen hatten, verzeichneten sie den Uni-See als »Stadtwaldsee«. Damit hatte Bremen *mit'n Mal* zwei Stadtwaldseen. Das ging so eine Weile, bis zur Abmilderung dieses »Zustandes« in Kartenwerken die Bezeichnung »Uni-See« in Klammern unter den Namen gelangte und dann auch noch das Wort »Kleiner« vor den eigentlichen Stadtwaldsee geschrieben wurde. Ohne auch nur einen Liter verloren zu haben, musste der »echte Stadtwaldsee« damit seine Verminderung hinnehmen. Immerhin gibt es dafür eine Erklärung, was bei dem hübschen Türmchen auf dem Hügel an seinem Nordufer schon schwieriger wird. Der heißt offiziell »Aussichtsturm im Stadtwald«, wird aber seit jeher vor allem »Judentempel« genannt – warum, weiß niemand. Der Architekt jedenfalls, der Erbauer des Bremer Neuen Rathauses, der Münchener Gabriel von Seidl, war katholisch.

Stadtwerder

Hm, issas da, wo die → umgedrehte Kommode steht? Ja, natürlich – der Stadtwerder umfasst das Gebiet zwischen Werdersee, Kleiner Weser und Weser bis zur Wilhelm-Kaisen-Brücke. Warum wissen das bloß so viele Bremer nicht?

Stauallee → Parkallee

Stecker → Kaffee

Steffensstadt

lautet ein alter Name für die westliche Altstadt, das Kirchspiel St. Stephani. Um das Jahr 1305 war es in den von der Bremer Stadtmauer umgebenen Bereich ein-

Sieht aus wie der Schnoor, ist es aber nicht. Das um 1914 aufgenommene Foto zeigt die Töferbohmstraße im Quartier nördlich der Faulenstraße. Was dort nicht die Bomben des Zweiten Weltkriegs zerstörten, wurde im Anschluss abgeräumt

bezogen und kurz danach rechtlich mit den anderen Kirchspielen gleichgestellt worden. Vor allem im hinteren Bereich zwischen Faulenstraße und Weser erstreckte sich ein Gewirr kleiner und verwinkelter Gänge und Gässchen als »Arme-Leute-Quartier« der Stadt. In den 1930er Jahren war hier viel Bebauung für die Errichtung der neuen »Westbrücke« abgerissen worden, und bald darauf wurde das ganze Gebiet durch Bomben fast vollständig zerstört. In jüngster Zeit erfuhr die westliche Altstadt mit den Umzügen der Volkshochschule (→ Bambüddel) und Radio Bremens ins → Faulenquartier eine neue Aufwertung. Der Vergangenheit der alten Steffensstadt haben Friedrich Prüser und Cecilie Eckler-von Gleich je ein schönes Buch-Denkmal gesetzt. Prüsers »Hinter der Mauer. Die Bremer Steffensstadt im Spiegel alter Straßennamen« erschien 1960, Eckler-von Gleichs Band »Das Stephaniviertel. Die westliche Altstadt 1860 – 1960. Ein photographischer Streifzug« 2008.

Stenoglossie → Aussprache,
spitze Steine und Betonung

Stern
Sechszackig liegt er am Rande des → Bürgerparks in Schwachhausen

und ist eine der bekanntesten Bremer Verkehrsflächen außerhalb der Innenstadt. Zwei vom Kreisverkehr abzweigende Strahlen bilden die Achse Hermann-Böse-/Wachmannstraße, und je zwei weitere die von Holler- und → Parkallee (und die Straßenbahnen 6 und 8 müssen auch noch durch). Bevor die kriegsversessenen Nazis ihr eigenes großes Inferno starteten, ließen sie Deutschland im Spanischen Bürgerkrieg auf der Seite General Francos kämpfen und bomben. Und aus Begeisterung darüber hieß »Am Stern« bis 1945 »Spanischer Platz«. Allerdings gab es auch einen fünfzackigen »Findorffer Stern«, und zwar an der Stelle der heutigen Kreuzung Eickedorfer Straße/Hemmstraße. Er ging 1952 zugunsten einer bloßen Kreuzung unter, denn in diesem Jahr entstand der große Wohnblock an der Stelle, wo bislang die Regensburger zusammen mit der Münchener Straße als fünfter Strahl auf den Platz zugelaufen war.

Stiefkind des Rates → Neustadt

Stiftungen
Gibt's zum Glück viele in der Stadt leerer öffentlicher Kassen. Denn nur dem traditionell großzügigen Bremer Stifter- und Mäzenatentum

ist es zu danken, dass eine ganze Reihe sozialer und kultureller Projekte zum Wohl der Gemeinschaft realisiert werden können. Sie reichen von sozialen Bereichen (z.B. → Haus Seefahrt), medizinischen Vorhaben (z.B. zur Krebsforschung) bis zu kleinen und großen Kultur- und Sportstiftungen in der Stadt. Eine der bemerkenswertesten Leistungen privater Bremer Stiftungstätigkeit spiegelt die Existenz des → Bürgerparks in der Qualität, wie wir ihn heute kennen. Zwei Millionen Euro sind jährlich aufzubringen, damit die Verwaltung alle laufenden Unterhaltungskosten und Gehälter bestreiten kann. In Bremen sind rund 300 private Stiftungen aktiv, viele im 2002 gegründeten »Stiftungshaus Bremen« (gemeinnütziger Verein mit Sitz in der Bürgermeister-Smidt-Straße) zusammengeschlossen. Alle im Land Bremen angesiedelten rechtsfähigen Stiftungen sind im Stiftungsverzeichnis bei der Innenbehörde nachgewiesen.

Stinkbüdel

unangenehmer (oder ungewaschener) Mensch

Stinkbüdelmannsgang

lautete der volkstümliche Name des Fußgängertunnels, der vom Holz- und Fabrikhafen in Richtung Walle führte und etwa 100 Meter vorm Waller Ring bei der Wissmannstraße und damit kurz vor der → Küste endete.

Stinke

Substantivierung des Verbs stinken, die in der Regel einhergeht mit der Reduzierung auf Fäkal- oder Kloakengeruch

Stint

stinkt. In rohem Zustand nach faulen Gurken, weshalb man ihn auch »Stinklachs« nannte, als er in Bremen noch viel gefangen wurde. Stinte als Mitglieder der Familie der Lachse zogen einst in riesigen Mengen zum Laichen die Weser hoch und wurden vorzugsweise gebacken verzehrt. Wieso die von der Langenstraße am Markt abzweigende Straße »Stintbrücke« heißt? Weil hinter dem Schütting früher die »Balge« als Nebenarm der Weser verlief und bei der Brücke die Anlegestelle für die Fischer lag, die dort ihren Fang zum Verkauf auf dem Markt anlandeten. Insgesamt führten acht Brücken über die Balge, die in Höhe Altenwall von der Weser abzweigte und etwa bei der Zweiten Schlachtpforte in sie zurückmündete. 1838 wurde sie kanalisiert und überbaut. Und warum freut sich manchmal jemand as so 'n Stint? Vielleicht ja, weil die so aufgeregt zappeln, wenn man sie zu sehen bekommt, oder weil Stint in Norddeutschland auch einen dummen Menschen bezeichnen kann – manche Leute sind ja auch vor lauter Einfalt stetig gut gelaunt. Oder das Sprichwort stammt aus dem »Berliner Musenalmanach« und dessen gereimter Frühlingsbegrüßung des Jahres 1797 mit dem Stint als prägnantem Schlussreim:

> »Oh sieh! wie alles weit und breit,
> vom linden Schmeichelwind
> mit Wonneblüten überstreut,
> An warmer Sonne minnt!
> Vom Storche bis zum Spatz sich freut,
> vom Karpfen bis zum Stint!«

Karpfen war teuer und Stint billig, was man wissen muss, um zu verstehen, dass dem Dichter mit den beiden letzten Zeilen die fabelhafte Aussage gelang, dass sich wirklich alle über den Frühling freuen: Groß und Klein und Reich und Arm.

1987 bis 2006 bestand die halbjährlich erscheinende Bremer Literaturzeitschrift »Stint«.

stricken → klönen

Stühlerücken → Tischerücken

Suppenrunde → Schwartauer Kreis

Sutje piano
Einleitende Beruhigungsformel an die Adresse von unangemessen aufgeregten Leuten, häufig Kindern, und somit nichts mehr oder weniger als die elegant plattdeutsch-italienische Version des hochdeutschen: »Sachte, sachte...« im Sinne von »Nun mal langsam« oder »... ganz von vorn« oder »... eins nach dem anderen«.

Sutränng → Bremer Haus

Suupsack
Saufsack

Swartpott → aufklaren
→ Braut

Swutsch
Auf den geht, wer sich auf Disko- oder Kneipentour begibt.

Tach auch!
Moin ist plattdeutsch und heißt »schön«. Vor allem in der »moin moin«-Dopplung ist es seit Langem als norddeutscher Universalgruß verbreitet, der stetig weiter in Richtung Süden wandert. Nichts Besonderes also, und schon gar nicht bremisch: Wer es

T

hier in der Stadt etwas vertrauter und damit auch ein bisschen
feiner mag, grüßt schlicht »Tach
auch!« in die Runde (womit wir
mit »Dag ok« als Wurzel wieder
zurück beim Plattdeutschen an-
gelangt sind).

tagenbaren Bremer

ist ein sprachlich etwas schwam-
miger Begriff zur Qualifizierung
»echter Bremer«. Im 16./17. Jahrhundert bedeutete tagenbaren
zunächst: Von freien Bürgern
»erzeugt und geboren«, später
wurde er gedeutet als geboren
und erzogen, also aufgewach-
sen. »Geborene Bremer« haben
auch Bremer Eltern, »gebürtige«
sind »nur« in der Stadt zur Welt
gekommen. Doch alteingesessene Bremer können die Hürde
mitunter deutlich höher legen,
wenn sie auf Nachfrage zum
Thema abwinkend bemerken:
Als echte Bremerin oder Bremer
kann sich sowieso nur bezeichnen, wer mindestens in dritter
Generation auf der rechten Weserseite geboren wurde (und
in zweiter auf dem Riensberger
Friedhof liegt). Ohne weitere inhaltliche Bestimmungen weist
auch die Wendung, jemand sei
ein »rein Roggen Bremer Kind«
auf bremische Herkunft hin, und
besonders schön klingt es, wenn

über 80-jährige Bremerinnen
oder Bremer sagen: »Ich bin'n
Bremer Kind!«
Uralt-Döntje am Rande: In Braunschweig war ein ganzes Tabak-
fass gestohlen worden. Trotz
dreier Verdächtiger brachte der
erfahrene Haftrichter schon bei
der Feststellung der Personalien
Klarheit in den Fall: »Ich bin ein
Hannoversch Mann«, sagte der
erste, »ich ein Hamburger Jung«,
der zweite, »und ich ein Bremer
Kind« der dritte. Darauf der Rich-
ter: »Da das Kind und der Junge
noch nicht rauchen, ist der Han-
noveraner der Dieb.«

Taxibrunnen

ist der bekanntere Bremer Name
für den 1909 auf dem Liebfrauenkirchhof nahe der Katharinen-
straße errichteten Brunnen aus
Muschelkalk mit fünf bronzenen
Kinderplastiken. Er stammte von
Hermann Hahn und wurde zeitgleich mit dessen Moltke-Denk-
mal aufgestellt (→ Graf Molke).
Eigentlich heißt der Brunnen nach
seinem Stifter Bürgermeister
Victor Marcus (1849–1911), der
dem → Bürgerpark schon einen
Brunnen schenkte. Doch als die
auf dem Liebfrauenkirchhof auf
Kundschaft wartenden Taxifahrer
begannen, das ins Becken gewor-
fene Kleingeld (was wohl Glück

Ein Muss für alle Passanten jüngeren Alters (in den 1960er Jahren): Goldfische gucken. Eine Zeit lang gab es auch Schildkröten im Becken des Taxibrunnens

bringen soll) herauszuangeln und davon Goldfische und Futter zu kaufen und sich überhaupt fürsorglich um Pflege und Gestaltung des Beckens zu kümmern, war der Name »Taxibrunnen« in der Bremer Welt. Taxen fahren da schon lange keine mehr, aber der Begriff blieb hängen – *schad' gaa nix*, zwei → »Marcus-Brunnen« in einer Stadt braucht doch niemand.

Technologielinie

wird die »6« genannt. Die Straßenbahnlinie verbindet zwei

T

starke Bremer Wirtschafts- und Wissenschaftsstandorte: den Flughafen samt umliegendem Gewerbegebiet bei der einen Wendeschleife mit der wenige Schritte vom → Fallturm gelegenen »Area of Innovation« (= Universität Bremen + Technologiepark) bei der anderen.

Teichmann-Brunnen → Eisenbahnunglück

TEU

steht für **T**wentyfeet-**E**quivalent-**U**nit. TEU lautet die gängige Bezeichung der verschieden genormten Container, deren Grundform zunächst 20 Fuß lang war. Auch die FEU-Variante (F = Fortyfeet) wird heute TEU genannt. 2019 wurden in Bremerhaven (und Bremen) 5,5 Millionen TEU umgeschlagen. Hinter den drei Buchstaben verbirgt sich damit die praktisch-perfekteste Blechkiste aller Zeiten. Sie ist allerdings auch bekannt als die gnadenlose Zerstörerin der gesamten alten Stückgutromantik in den → Schuppen und Speichern zwischen duftenden Kaffeesäcken, gewaltigen Kistenstapeln und fachmännisch gepackten Hieven am Haken der Kajenkrane im → Freihafen (s.a. → Containerschorse).

Texas-Elf

hieß eine Zeit lang → Werders Oberligamannschaft vor Einführung der Bundesliga 1963. »Texas« war eine bekannte deutsche Zigarettenmarke der Bremer Tabakfirma Martin Brinkmann AG (»Lord Extra«, »Peer Export« u.a.). Da dort viele Werderspieler beschäftigt waren und auch Sponsorengelder flossen, wurde die Truppe »Texas-Elf« genannt. Wie bedeutend übrigens das 1992 in Rothmans umbenannte Unternehmen Brinkmann war, zeigt, dass es noch heute Bremer mit Namen Brinkmann gibt, die bei der Angabe ihres Namens am Telefon die Frage nach dem »ck« im Namen wie folgt umschiffen: »Brinkmann wie Tabak« (und damit möglicherweise am anderen Ende der Leitung für eine ganz neue Klippe gesorgt haben...).

Theaterberg

heißt etwas hochtrabend ein »Berg« der Wallanlagen, obwohl weit und breit kein Theater zu sehen ist. Das war aber nicht immer so, denn einst stand nahe der → Bischofsnadel das 1400 Zuschauer fassende »Bremer Stadttheater« (ab 1933: »Staatstheater«, später »Opernhaus«). Im Zweiten Weltkrieg zerbombt, wurden seine Reste 1965 abgetragen.

Das Stadttheater am Wall wurde 1843 errichtet und in den 1880er Jahren mehr-fach umgebaut und erweitert. Blick aus Richtung → Bischofsnadel

Tidenkalender

braucht man für Ausflüge an die Nordsee, jedenfalls wenn man Besuch aus Süddeutschland oder gar der Schweiz nach Cuxhaven schleppt und dort »das Meer« präsentieren möchte. Das Watt sehen und genießen ist eher etwas für fortgeschrittene Urlauber.

Tischerücken

oder auch Stühlerücken genannt, hat in Bremen nichts mit übersinnlichen Geisterbeschwörungen zu tun, *die heißen nämmich mit'n Fremdwort: See-anzen*. Es verbirgt sich dahinter lediglich der uralte Brauch, Freunden oder Verwandten in deren frisch bezogener neu-er Behausung in möglichst großer Anzahl einen abendlichen Überraschungsbesuch abzustatten. Am besten ist, Eingeweihte locken die Ahnungslosen z.B. mit einer Einladung zum Essen aus der Wohnung. Ein geliehener Zweitschlüssel macht es möglich, in Ruhe dann die Möbel ein bisschen zu verstellen und sonstiges Chaos zu stiften. Dann wird die schnelle Rückkehr der Eigentümer provoziert, z.B. über Handy: »Du, ich weiß zwar nicht, warum die Feuerwehr vor eurer Tür steht, aber es ist besser, ihr kommt nach Hause ...« Dort eingetroffen, sind diese dann die letzten Gäste ihrer eigenen Party. Als einfachere Variante kann man sich auch ohne Einschleichen heimlich zum Tischerücken verabreden. Der Haufen Leute klingelt dann unangemeldet, und alle dürfen sich an den entsetzten Gesichtern der zwischen Umzugskartons und Malerutensilien hockenden Opfer erfreuen. Wer so einfällt, hat ausreichend Getränke und Speisen, vor allem aber Getränke, mitzubringen – und am Ende gnädigerweise auch alle Spuren der Verwüstung mit zu beseitigen.

Titel

Hochtrabende Titel und entsprechende Anreden gelten in der alten Stadtrepublik Bremen im Allgemeinen wenig und ernten eher Skepsis als Ehrfurcht: *Hatter wohl nöötich, der soll man nich so tun*, denken sich die → Tagenbaren. Umso wichtiger die Ausnahmen, denn neben dem »Bürgermeister« gibt es traditionell nur drei weitere Titel, die in Bremen schon vor Jahrhunderten unantastbar waren: *Herr Senater, Herr → Kapptehn und Herr Pastor.*

Tööf-man-Brunnen → Eisenbahnunglück

Tranbüdel → Büdel

Treppenfegen → Domtreppenfegen

Tschiamulera

Dass die Bremer den italienischen Namen Chiamulera nicht korrekt mit dem Anlaut »K« begannen, hat weder Giovanni Chiamulera noch seine zahlreichen Nachkommen je gestört – solange die Hanseaten nur → tüchtig Eis bei ihnen bestellten. »Tschia« war über 80 Jahre lang die Bremer Eiscafé-Institution schlechthin. 1902 hatte der aus Oberitalien an die Weser eingewanderte Giovanni mit dem Straßenverkauf von Speiseeis begonnen und eröffnete 1908 am Markt sein erstes Geschäft (heute »Stecker«, links und rechts sind noch die alten Inschriften »Eis« zu lesen, *aber innendrinne gibt's jetzt Bremer Kluten und Botterkoken*). Seine drei Söhne gründeten Bremer Filialen. 1989 schloss die letzte Chiamulera-Eisdiele an der Ecke Obern-/Piperstraße, aber die 1954 eröffnete vierte Filiale Vor dem Steintor wird unter anderem Namen noch heute von Mitgliedern der vierten Bremer Chiamulera-Generation geführt.

Tschulljung

Entschuldigen Sie bitte!

Tsieh!

lautet ein von dem Ausruf »Siehe da« oder »Sieh an« abgeleiteter bremischer Sprachedelstein mit nur einer Silbe, zu hören vor allem bei unerwarteten Zusammentreffen alter Bekannter. Ein freundliches *Tsieh!* steht dann also für: »Sieh an, was für ein Zufall, dass wir uns hier treffen!« und eröffnet einen kurzen → Schnack. Ein in längere Gespräche gelegentlich eingeworfenes *Tsieh!* ersetzt ein ganzes »Aha, so ist das also!«.

Tso

ist nicht so bedeutsam wie → Tsieh und kann bei entsprechender Miene des Sprechers auch Gleichgültigkeit und Skepsis verraten.

tüchtig

ist ein in Bremen häufig zu hörender und fast universell einsetzbarer Verstärkungsausdruck, der somit das Wörtchen »sehr« ersetzen kann. Nach dem Sturz: »Das hat Ihnen wohl tüchtig wehgetan?« Es kann aber auch für »ordentlich« oder »kräftig« stehen, z.B. in einem jovialen Tischspruch: »So Kinners, nu langt man tüchtich zu.« Der Ursprung stammt von dem tüchtig alten mittelhochdeutschen Wort »tühtic« für gehörig oder tapfer.

tüdelig

können alte Menschen nach dem Übertritt ins Greisenalter werden. Wenn nur die geistigen Kräfte et-

was nachlassen und die gelegentliche Verwirrung nicht krankhaft fortschreitet, dann wird man eben »tüdelig«. Deshalb sagen viele zu ihren Kindern: »Wenn ich später mal tüdelig bin, dann melde ich mich im Remberti-Stift an.« Ist aber der Geist noch fit und lässt nur der Körper nach, dann ist man nicht tüdelig, sondern → klungelig.

tüdeln, Tüdelei und Tünkram

meint im Prinzip sämtlich unnützes Tun. (*Lass man jezz die Tüdelei, mach hinne, wir müssen feddich weern!*) Allerdings kann auf den ersten Blick zielos verspieltes Tüdeln an einer Sache auch unerwartet gute Ergebnisse hervorbringen.

Wer *Tünkram* erzählt, könnte auch *Dummtüch*, also dummes Zeug absondern oder gar »rumtönen«, im Sinne von angeben. Andererseits: *Zwüschendurch issoch so 'n büschen inne Wohnung oder in' Keller Rumtüdeln ganz enschpannend – und app und an kann Tünkram erzählen auch ziemich lustig sein.*

tun

Die kann ümmer so tun, tratschen zwei alte Freundinnen über ihre gemeinsame Bekannte und meinen damit auf Hochdeutsch: Ihr Gehabe ist unerträglich.

U

übel

ist ein äußerst starkes Negativ-Adjektiv. Wer z.B. in der Straßenbahn den Satz mithört → *Gitt, was wars' du übel gestern Ahm'nd,* ist Zeuge eines schweren Vorwurfs geworden und darf gespannt sein, ob im weiteren Fahrtverlauf noch herauskommt, auf welche Weise sich da jemand tags zuvor als richtig widerlich erwiesen hat.

über

ist einem etwas oder jemand, das oder den man nicht länger ertragen mag.

überer/übere/überen

über der/über die/über den

überhin

wird zusammen mit »kommen« als Formel für »vergessen« gebraucht *(Tschulljung, bin ganz überhingekommen, dir zu gratuliern)* oder im Sinne von »nicht bemerken« und »übersehen« mit gucken gebraucht *(Jau, hast' wohl in dein Kalender überhingekuckt, oder steht da mein Geburtstach etwa nich in rot dick drinne?).*

überlangs

manchmal, gelegentlich

Überseehafen → Container-

schorse → Freihafen → Mäuse-turm → Marcus-Brunnen
→ Überseestadt

Überseeer (und Bananen-jäger)

Kurzname für die vor dem Aufkommen der regelmäßigen Verkehrsfliegerei im Liniendienst nach Übersee, also über den Atlantik, verkehrenden Passagierschiffe. Frachtschiffe, die z.B. im Südamerikadienst und Fruchtimport unterwegs waren, wurden »Bananenjäger« genannt.

Überseestadt

steht für ein gewaltiges Bremer Stadtentwicklungsprojekt, in dessen Rahmen das gesamte Gebiet der nicht mehr benötigten rechtsseitigen → Freihäfen umgewidmet wird. Die riesige Fläche von rund 300 Hektar erstreckt sich von der Eisenbahn- und Stephanibrücke im Osten bis zum → Mäuseturm im Westen auf einer Länge von mehr als dreieinhalb Kilometern. Wie 2003 im »Masterplan Überseestadt« festgelegt, erfolgt derzeit die schrittweise Neubebauung der verschiedenen Quartiere (»Hafenkante«, »Europahafen« u.a.). Im »Weser-Quartier« nahe der Eisenbahnbrücke wurde 2009/10 das Bürohochhaus »Weser Tower« fertiggestellt und damit Bremens höchster Fenster-

Blick vom Hafenhochhaus in den voll belegten Überseehafen. Nur Speicher XI, ganz rechts im Bild, ist noch erhalten

putzkran in Betrieb genommen (82 Meter). Im »Überseepark« entstehen zahlreiche Wohn- und Geschäftshäuser. Nordöstlich davon liegt in direkter Nachbarschaft zum alten »Speicher XI« schon seit 2002 der Großmarkt auf dem Gelände, das 1998/99 durch Verfüllung des Überseehafens Bremens Grundstücksfläche enorm wachsen ließ. Von diesem früheren Freihafenbecken, dessen Name im 20. Jahrhundert wie kein anderer Begriff in der Stadt für Bremens Stolz als Hafenstadt stand, leitete sich auch der Name »Überseestadt« ab.

Uhlenlock → Priölken, Meeskenkiste und Uhlenlock

ULF

lautet der praktische Kurzname der Kirche und Gemeinde »Unser Lieben Frauen« mit ihrem Gotteshaus aus dem 11./13. Jahrhundert in der Stadt und dem Gemeindehaus aus dem Jahr 1954 am Schwachhauser Ring.

umgedrehte Kommode

wird wegen seines quaderförmigen Aussehens mit vier Ecktürmen, den Kommodenfüßen eben, eines der bekanntesten Bremer Gebäude genannt. Es ist die 43 Meter hohe »Wasserkunst« des 1871/73 in Betrieb genommenen Wasserwerks auf dem Stadtwerder. Der damals profilierteste Bremer Architekt, Johann Georg

In den 1960er Jahren entstand dieser kunstvolle Doppelschuss in die Tiefe der Tieferarkaden und durch einen Bogen auf die »Kommode«

Ansicht von Bremen.

Blick vom Dach der »Wasserkunst« auf Bremen nach 1910 ...

Poppe, ließ sich für seine historisierende Gestaltung des Zweckbaus von nichts weniger als vom Hochmeisterpalast des Deutschen Ordens im ostpreußischen Marienburg anregen. Einer der vier nach dem Zweiten Weltkrieg gekürzt wiederhergestellten Ecktür-

... und vom Osterdeich auf das Gebäude in den 1960er Jahren

me diente als Treppenhaus, durch einen verliefen Rohrleitungen und zwei verdeckten die Auslässe der Schornsteinanlage der Dampfmaschine des Wasserwerks. Seit 1983 diente es nur noch als Speicher, bis 2008 die letzten 800.000 Liter Trinkwasser abgelassen wurden. Die umgedrehte Kommode soll als Büro- und Wohnhaus umgenutzt werden.

ümmer

meint immer *un is außerdem ümmer noch das beste Beispiel für'n Unnerschied von Bremüsch zu Hamburgisch: die sag'n nömmich ümmer »immä« zu ümmer.*

ümmerzu

meint andauernd oder fortwährend. *Die is ja ümmerzu is die so.* »So ist sie, das ist einfach ihre Art«, hieße es also hochdeutsch, wenn zwei alte Bremer Tanten über ihre gemeinsame Freundin → *sludern.*

umzu/um

Herrlich bremisch und schon in Hamburg völlig unbekannt ist das merkwürdige Wörtchen umzu, das im Wesentlichen dem hochdeutschen »herum« entspricht. Doch »umzu« kann mehr, z.B. allein stehen und damit den Satz kurz halten. *Dascha umzu!* bedeutet: Das ist doch ein Umweg! oder: *Ich geh umzu:* Ich gehe um etwas herum, was dann auch zu solchen Sätzen führen kann: *Ich geh' ma ehm ums Haus umzu.*

Allein stehend kann »um« auch das Wort »umständlich« abkürzen: *Das ist mir zu um!* Extra schräg, aber von Ada Halenza so in einer ihrer Madda-und-Kede-Geschichten konstruiert (»Fleisch ohne«): *Wo kommt das denn um?* (= Wie konnte das denn passieren?)

U

unbremisch

kann in Bremen eines der schlimmsten anzunehmenden Worte der Missbilligung, ja der Verachtung sein. Wer entweder als Person zu sehr angibt oder Pläne verfolgt, die vollkommen mit der Bremer Tradition zu brechen scheinen, der riskiert, als »unbremisch« beschimpft zu werden. So erhielten auch im langen Streit um das Aussehen des neuen Hauses der → Bürgerschaft am Markt einige der Architektenentwürfe genau dies Urteil. Aber das Schöne an Bremen ist, dass die Stadt schon oft auch ein guter Ort für Leute und Ideen war, die trotz ihrer zunächst »unbremisch« erscheinenden Art später viel Erfolg und Anerkennung erfuhren und damit auch Bremen Achtung verschafften (→ Bremer Stil, → Containerschorse, → Hag u.a.).

Uni-See → Stadtwaldsee

Unterpflasterbahn

»Mensch, Rosenberg – inne Erde!«, soll Bürgermeister Kaisen im Jahre 1951 kopfschüttelnd zum Referenten des Senats für den Wiederaufbau, Franz Rosenberg, gesagt haben, nachdem ihm dieser mal wieder den Planungsstand der »Unterpflasterbahn« vorstellte. Zur Entlastung der Brill-Kreuzung und der Obernstraße sollte die Straßenbahn von der Kunsthalle an bis zum Stephaniviertel unterirdisch verlaufen. Das Projekt, das Wilhelm Kaisen nie gefallen hatte, wurde aus Kostengründen schließlich aufgegeben.

unterwegs gehen

ist in Bremen für »ausgehen« zu hören, so kürzlich in der »Linie 2« zwischen den Haltestellen Wartburg- und Hansestraße in der Unterhaltung zweier Frauen: *Mit der Soundso kannste ümmer lustig unnerwegs gehen.*

URAG

klingt urig, ist ein legendärer Bremer Firmenname und steht für »Unterweserreederei Aktien Gesellschaft«. Gegründet 1890 als Schleppschifffahrtsgesellschaft Unterweser, firmiert sie seit 1922 als URAG. Lange mit Sitz in der Blumenthalstraße, bereedert das heute in Bremerhaven ansässige Unternehmen 17 Hafenschlepper.

Die Reedereiflagge der URAG

Vom Essighaus in der Langenstraße sind noch diese prächtigen Utluchten erhalten

Utlucht

ist plattdeutsch, heißt hochdeutsch »Ausguck« und bezeichnet die an Straßenfronten alter Altbremer Häuser vorgebauten Erker. Diese guckten somit einerseits aus der Fassade heraus, und andererseits konnten die Hausbewohner durch die Utlucht bequem »auslugen«, also das Geschehen links und rechts in der Straße verfolgen. Im 18. Jahrhundert wurde der häufig auch über mehrere Geschosse erfolgende Anbau von Utluchten zu einer sich immer weiter ausbreitenden Mode. Bald erwiesen sich viele der Vorbauten auch als Verkehrshindernisse, und im 19. Jahrhundert versuchte die Stadt, den »Ausluchten« entgegenzuwirken.

Uze, üzig

schlecht gelaunte Person, meistens weiblich

Vahraonen

werden die Bewohner der beiden Großsiedlungen Gartenstadt Vahr (1954–59) und Neue Vahr (1957–62) genannt. Sie konnten in den 1950er Jahren zuschauen,

V

wie um sie herum das zeitweise größte Wohnungsbauvorhaben Europas Wirklichkeit wurde (insgesamt 12.000 Wohnungen). In ganz Deutschland bekannt wurde das Gebiet durch den 2004 erschienenen Roman »Neue Vahr Süd« von Sven Regener, der die Entwicklung des jungen Vahraonen Frank Lehmann vom Beginn seiner Wehrdienstzeit bis zu seinem vorzeitigen Ausscheiden und dem einige Monate später folgenden Umzug nach Berlin beschreibt.

Vatikan → kathol'scher Pudding

Vegesack → Fegebüdel

Vegesacker Balkon

»Bellevue« wurde das Vegesacker Hotel »Norddeutscher Hof« einst genannt. Doch trotz bester Lage an der Weserstraße genau am Ende der Breiten Straße und jeder Menge vorbeiziehender Schiffe gratis, ging es mit dem Hotel nach dem Zweiten Weltkrieg steil bergab. Schließlich erfolgten der Abriss und die Errichtung von Wohnbebauung an gleicher Stelle. Die alte Hotelanlage geriet in Vergessenheit. Erst als Ende der 1990er Jahre der Umbau der Weserpromenade mit schöner Kugelahornallee

vor dem Vegesacker Stadtgarten in Gang kam, wurde auch am Hang des früheren Hotels gearbeitet. Von der Promenade aus ist dort über die »Wesertreppe« an prächtigen Rosenbeeten vorbei der neu eingerichtete »Vegesacker Balkon« zu erreichen. Und wer die Stufen erklommen hat und von oben aus an einem schönen Tag auf die Weser blickt, der weiß auch, warum die Vegesacker ihren »Norddeutschen Hof« lieber »Bellevue« genannt haben.

verfummfeien

tut, wer sein Geld nicht spart, sondern verschwendet und verschleudert.

Veronika, danke schön!

→ Damen vom Ballett

verpulen → beipulen

versusen

etwas verlegen, z.B. seine Brille

vertobaken, ein'

jemanden verprügeln

vertüdelt → durch'n Tüdel

Viermaster

bezeichnet gewöhnlich ein Segelschiff mit vier Masten. Wenn

Auch Bremen hatte seine »Viermaster«. Hier die »Reifenstein« des NDL im Hafen von Sydney im März 1970 (als dem Fotografen der Bug wichtiger war als der vierte Mast)

aber in den 1960er Jahren unter Bremer Seeleuten von »Viermastern« die Rede war, konnten auch die drei etwa gleich großen NDL-Stückgutfrachter »Reifenstein«, »Ravenstein« und »Rothenstein« gemeint sein. Sie waren im Ostasiendienst eingesetzt und an ihren je vier gleich hohen Masten zu erkennen. Diese trugen jedoch weder Rahen noch Segel, sondern die Ladebäume und -geschirre zum Löschen und Laden von Stückgut außerhalb von Häfen mit Kajen und Kranen.

vigelinsch

Im platten Norddeutschland heißt die Violine Vigeleen (oder Vigelien). Dort gilt wie im Rest der Welt: Sie ohne Quietschen, Kratzen und sonstige Schiefheiten zu bedienen, ist eine Kunst für sich, und für Ungeübte stellt die Produktion ernst zu nehmender Töne eine zunächst unlösbare Aufgabe dar. Und exakt für eine solche in jedem übertragbaren Sinne wurde das Wort vigelinsch erfunden.

Visurgis fluvius

heißt der Weserfluss auf Lateinisch, s.a. → Werser.

Vize → Gang

Vizebraut → Kranzbinden

Blick auf den Ostertorsteinweg stadtauswärts, etwa von der Einmündung der Mozartstraße um 1970 ...

... und ein etwas älteres Bild von der Ecke Römerstraße/Vor dem Steintor mit Blick auf den Ziegenmarkt

Vöddel

In Vöddel is ümmer was los. Das »Viertel« links und rechts des Ostertorsteinwegs (auch: »O-Weg«) und der Straße Vor dem Steintor bis zum Peterswerder war und ist Bremens bevorzugtes Wohnquartier für junge Leute, d.h., wenn sie es sich leisten können. Denn es ist schon lange schick, im Ostertorviertel zu wohnen, eben weil hier viele Kneipen und Läden sind und bis spät in die Nacht noch reges Leben herrscht. Straßenweise sind → Bremer Häuser erhalten, und auch die Nähe zur Innenstadt und zur Weser steigert die Attraktivität des seit Ende des 19. Jahrhunderts immer weiter Richtung Osten erschlossenen Gebiets.

Wenn das Vöddel ein Herz hätte, schlüge es am »Eck«, wie die Sielwallkreuzung kurz genannt wird (s.a. → Eule, → Rollo). Zur glücklicherweise ausgebliebenen Massakrierung des westlichen Teils siehe → Milchquartier.

Vorder- und Hinterwagen

So unterschied der Volksmund den Triebwagen von dem Anhänger der zwei- und dreigliedrigen Straßenbahnzüge – heute fährt bereits die dritte Generation der langen, durchgehenden Wagen. Wie sich die Zeiten ändern: Als in den 1950er Jahren nur bloß ein Hinterwagen als »Nichtraucher« mitfahren sollte gab es empörte Beschwerden bei der Straßenbahn.

Viel Betrieb an der Haltestelle Markt beim Einstieg in den »Raucher« der 2 Richtung Sebaldsbrück, 2. Juli 1960

Dennoch kam es schrittweise zum vollständigen Rauchverbot, und nur ältere Bremerinnen und Bremer wissen noch: »Raucher« stand auf rotem Grund in weißer Schrift und »Nichtraucher« in roter Schrift auf weißem Grund. Aber im neuen Jahrzehnt war bald ganz Schluss mit »Claessens' Mief«. Der zunehmend unbeliebte Tabakqualm war eigentlich ungerechter Weise so benannt nach dem verdienten und sehr beliebten »Vater der Straßenbahn«, dem 1920 bis 1952 amtierenden BSAG-Direktor Robert Claessens. 1961 – übrigens das Todesjahr des leidenschaftlichen Zigarrenrauchers Claessens – endete also auch das Rauchen in den Hinterwagen der »alten Linie 10«. Und das führt zum passenden Stichwort *knapp am Enne dieses Büchleins, nemmich zu* → Zigarren (und später »Alte Zehn«).

Rolands Schild

Vryheit do ik ju openbar

»Vryheit do ik ju openbar, de karl und mennich vorst vor war desser stede ghegeben hat, des danket gode is min radt« lautet die Umschrift auf → Rolands Schild. Sinngemäß bedeutet dies: Ich stehe hier für die Freiheit, die einst Kaiser Karl der Große und viele Fürsten dieser Stadt gewährten (und bestätigten). Seid Gott dankbar, so rate ich euch, für diese glückliche Unabhängigkeit Bremens. Das Recht, das kaiserliche Wappen auf dem Schild des Rolands zu zeigen, leitete die Stadt aus gefälschten Kaiserurkunden ab. Da der Roland übrigens zu Anfang des 16. Jahrhunderts völlig aus »Graustein« (→ Bremer Stein) neu gemacht wurde, ist es durchaus möglich, dass bei dieser Gelegenheit die Umschrift auf den Schild gelangt ist.

Vulkan → Fegebüdel

Wah?

Entschuldigung, bitte wiederholen, ich konnte gerade akustisch nicht folgen.

Waller Welle

Ganz unabhängig vom → Tidenkalender lässt der Umweltbe-

Gary Rieveschl bei der Pflege seines frisch gesprossenen Werkes entlang der Nordstraße, das übrigens durch Selbstaussaat der Pflanzen schon lange nicht mehr so akkurat aussieht wie auf diesem Bild aus dem Jahr 1977

trieb Bremen die Waller Welle als Blumenschmuck entlang der nördlichen Böschung des Deichs zwischen Hafengebiet und Nordstraße auf- und ablaufen. Das Werk entstand als Kunstobjekt im Jahre 1976, Material: 16.000 gelbe Narzissen, Länge: 400 Meter, Entwurf: Gary Rieveschl, Ausführung: der Künstler (mithilfe der Bevölkerung), Besonderheit: ist nur im Frühjahr zu sehen.

Werder

bezeichnet eine Flussinsel oder -niederung bzw. trockengelegtes Land, z.B. den → Stadt- oder den Peterswerder. Aber das nur nebenbei bzw. vorweg, denn an der Weser steht Werder vor allem für die bekannteste Bremer Sportmarke, die → Raute mit dem Werder-W. Waren sie siegreich, ist die ganze Stadt stolz auf die Profikicker des SV Werder Bremen, das

Werderfans gibt's viele in der Stadt – und auch im Parzellengebiet nahe dem Stadion, »wo die Weser einen großen Bogen macht...«

Weser-Stadion häufig ausverkauft und der Fanshop proppevoll mit Kunden. Die Fans zahlen viel für das Vergnügen – Werder ist ein Wirtschaftsunternehmen mit hohem Finanzbedarf. Aber auch anders herum beschert Werder den Bremern, ob fußballinteressiert oder nicht, überregional Achtung und Sympathie, wenn sich in der Außensicht sportlicher Erfolg auf das allgemeine Image der Stadt überträgt. Denn nach schwächeren Zeiten gelang den Grün-Weißen seit Mitte der 1980er Jahre, worauf manche größere und finanziell deutlich besser ausgestattete Vereine neidisch sind: Zunächst unter der Regie von »König Otto« Rehhagel und später unter Thomas Schaaf gewannen sie einige Male die Meisterschaft und wurden mehrfach Pokalsieger, 1991 sogar in Europa.

Werderbrücke → Erdbeerbrücke

Werdersee → Kleine Weser

Werser
hieß im bremisch-plattdeutschen Volksmund noch weit ins 20. Jahrhundert hinein wie selbstverständlich die Weser. Im 11. Jahrhundert schrieb Adam von Bremen (→ Rom des Nordens) von der »Wisara« und bemerkte dazu, sie hieße neuerdings auch »Wissula« oder »Wirrha«. *Tschä*, die Namensvarianten zeigen mal wieder, dass

die Fulda von Glück reden kann, dass sie überhaupt als einer der zwei Weserquellflüsse gelten darf. Denn eigentlich hat die Weser mit der Werra nur einen einzigen davon, und die Fulda ist eher ein Nebenfluss. Aber wäre dann die Weser nicht eigentlich die Werra? *Pah, dascha unmööglich!*

Wesermauer, große → Kaje
der Tränen

Wesermetropole → Dorf mit
Straßenbahn

Weser-Stadion → Ike-Stadium

Westfalensiedlung → Klein
Mexiko

Wiewers
Bremer Platt für das weibliche Geschlecht, Wiewers steht für Weiber, Frauen. Einst kam ein Bremer Senator mit seinem jugendlichen Sohn am Seefahrtshof vorbei. »Was heißt das, Papa?«, frug dieser zum Spruch über dem Portal → »Navigare necesse est, vivere non est«. Nur halb gut in Latein, bremelte der Vater den Anfang »Dscha, de Seefohrt, die tut man not«, um dann Rätsel ratend etwas freier zu enden: »…, aber dat mit de Wiewers, dat tut bei dir noch nich not!«

Wippsteert auf Autodach

Wippsteert
werden im gesamten plattdeutschen Sprachraum unruhige Geister genannt, vor allem die Kinder, die niemals still sind und besonders dann nicht, wenn sie dazu aufgefordert wurden. Zugleich ist es ein Vogelname, nämlich der der Bachstelze, die so gern mit ihrem Steert wippt (plattdeutsch Steert = Schwanz[gefieder]).

Wittheit, Die
ist plattdeutsch und heißt »Die Weisheit«. Sie steht bekanntlich seit jeher besonders Leuten an, die durch viel Wissen und Erfahrung »weise« sein könnten, wie z.B. Gelehrte, oder die viel Verantwortung tragen und weitreichende Entscheidungen treffen sollen, wie z.B. Politiker. Bremen kennt die Wittheit für beide Bereiche, und das kam so: Im mittelalterlichen Bremer → Rat wechselten sich die Mitglieder turnusmäßig

W

Das Rathaus von Nordwesten aus gesehen. Die Darstellung aus der Koster-Chronik zeigt den Zustand aus dem 17. Jahrhundert und die nördlich im 16. Jahrhundert angebaute Erweiterung mit der »Wittheitsstube«

ab. Aber wenn die Stadtväter besonders → vigelinsche Sachen zu beraten hatten und man auf größtmöglichen Sachverstand und Konsens angewiesen war, kamen auch die gerade nicht im Amt (= im Eid) befindlichen Mitglieder dazu. Dies so vergrößerte Gremium war dann: Die Wittheit. So erklärt sich auch der Name »Wittheitsstube« für das Besprechungszimmer, das zusammen mit dem 1550 nördlich auf der Liebfrauenkirchhofseite erfolgten Rathausanbau eingerichtet wurde. Es besaß den großen Vorteil, in den Wintermonaten schnell beheizbar zu sein.

Als in Bremen 1822 der »Senat« den Begriff »Rat« offiziell ablöste, wurde auch der Name »Wittheit« in den Ruhestand versetzt. Wenige Jahrzehnte später machte dagegen ein anderer Begriff Karriere im deutschen Wortschatz: die Wissenschaft. Eine Universität gab es zwar in der Kaufmannsstadt Bremen noch nicht, aber 1924 nahm eine Gruppe bildungsliebender Leute einen älteren Faden wieder auf und gründete die Bremer Wissenschaftliche Gesellschaft. Sie war Ort für gelehrte Vorträge und Diskussion und bot allen wissenschaftlich in der Stadt tätigen Einrichtungen

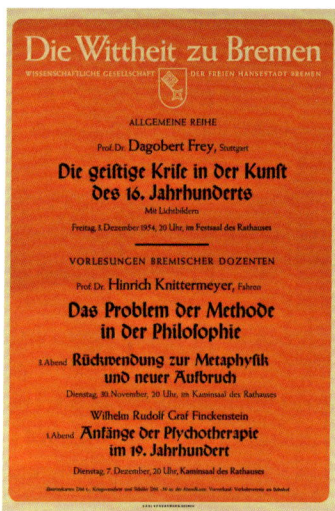

Ankündigungsplakat der »Wittheit«
für vier Veranstaltungen Ende Novem-
ber/Anfang Dezember 1954

die Aufnahme an. In der NS-Zeit blieb die private Trägerschaft der Gesellschaft zunächst erhalten, erst 1941 erfolgten die Umwandlung in so etwas wie ein Amt für Wissenschaft und die Umbenennung in »Wittheit zu Bremen«. Damit kam nach 119 Jahren die plattdeutsche »Weisheit«, *die ja ohne Wissen schlecht → zu kann*, erneut zum Einsatz. Seit 1950 agiert »Die Wittheit« als akademische Institution mit dem Ziel der Zusammenfassung und Förderung wissenschaftlicher Bestrebungen im Land Bremen wieder im Status eines Vereins. Der Großteil ihres umfangreichen öffentlichen Programms findet im Haus der Wittheit – äh – Wissenschaft in der Sandstraße statt.

wittschen

leitet sich ab vom niederdeutschen Adjektiv »weißlich« und ist vor allem in Bezug auf blasses oder »blutarmes« Aussehen zu hören: *Sieht man noch 'n büschen wittschen um die Nase aus,* sagt z.B. die eine Mutter zur anderen über deren gerade von einer Grippe genesendes Kind.

Worpswede

Wenn Bremer kenntnisreich und mit Inbrunst über die Schönheit ihres beliebtesten Besuchs-Ausführ-Wochend-Zieles sprechen, entsteht häufig der Eindruck, Worpswede müsse doch irgendwie auch zum Gebiet der Hansestadt dazugehören. Tatsächlich aber ist die niedersächsische Gemeinde am Rande des Teufelsmoores eine kleine Welt für sich, seit fast 800 Jahren. Die Alteingesessenen haben sich mit den Vorzügen und Nachteilen der einströmenden Touristenscharen arrangiert und lassen sie unbehelligt auf der Suche nach Zeugnissen von mehr als 100 Jahren »Worpsweder Kunst« durchs Dorf spazieren und anschließend vielerorts für Kaffee und Kuchen bei sich einkehren.

W

Wrummsi → Schötteldör

Wuddeln

oder hochdeutsch »Wurzeln« heißen in Bremen und umzu die Karot-
ten, zu der andere Mohrrübe oder
einfach → *Möhre sag'n, aber das
is auch 'n altes Wort für Moore,
die se um Brehm rum dscha fast
alle schon troggengeleecht hab'n.*

Zigarren (und später »Alte Zehn«)

nannten viele Bremer die neuen
elegant-schlanken »Großraum-
züge« der BSAG, echte Bremer
Schienenstars und Gewächse,
aufgegleist nämlich von 1954 an
bei Hansa-Waggonbau in Hastedt.
Am längsten wurden sie eingesetzt
auf der Linie 10 zwischen Sebaldsbrück und Gröpelingen (und deshalb auch »Alte Linie 10« genannt).
Die letzten »Zigarren« fuhren erst
im Jahr 1990 aus dem Schienennetz
ins »Depot« und damit ins heutige
Museum der »Freunde der Bremer
Straßenbahn e.V.«. Aber auch
andere Wagen nannten kundige
Bremer mit Namen, z.B. »Acker-
wagen« (für den dreiachsigen Ge-
lenkwagen GT3, weil er rumpelte
wie ein Pferdefuhrwerk auf dem
Stoppelfeld), »Hansa-Kurzgelenk«
(GT4a) und »Wegmann« (GT4f) –
nix verstan'n? Dann ab ins Depot

nach Sebaldsbrück, da lerns'u al-
les übere Bremer S-traßenbaahn!
(zu weit? Dann für'n beten mehr
Schienenbremisch weiterlesen bei
→ Vorder- und Hinterwagen)

Zinkblech-Willi → Ökelnamen

Zitti → Stadt

zu

Ein kleines Wort mit großer Bedeutung in Bremen! Madda und
Kede (→ Döntje) vor 60 Jahren
im Gespräch über Reisevorberei-
tungen: »Aber weißt, wasde dir
unbedingt anschaffen musst? 'n
Kulturbeudel, wode dein'n Wasch-
lappen und 'n Buddel Colondje
reintust, da kann → ein auf sone
Reise schlecht ohne zu.« Auch die
Entschuldigung »Ich kann nichts
dafür« klingt in Bremen viel hüb-
scher, nämlich als »Da kann ich
gaa nix zu!«

zu sitzen kommen
bedeutet Platz nehmen zu können (meist in Verbindung mit dem
Seufzer: »endlich!«).

**Tw 812: Nagelneue Zigarre in voller
Schönheit, angehalten für den
Fotografen 1954 am Bürgerpark,
der schönsten BSAG-Wendeschleife
Bremens**

Z

Zugereiste

diente lange als nicht ganz ernst zu nehmender Sammelbegriff für alle, die keine »Bremer Kinder« (→ tagenbaren Bremer) sind, und meint in der strengen Auslegung somit auch solche, die zwar in Bremen zur Welt kamen, aber nicht von Bremer Eltern abstammen. Eigentlich sind natürlich alle Ex-→ Butener gemeint, die jetzt in Bremen leben.

Nach dem Zweiten Weltkrieg war das »Zuziehen« ein begehrtes Privileg, denn im stark zerstörten Bremen gab es viel zu wenig Wohnraum, es herrschte »Zuzugssperre«. Wer keine Bleibe nachweisen konnte, erhielt keinen *Zuzuch*, also keine Aufenthaltsgenehmigung. Erst 1950 wurde die Sperre aufgehoben.

Zwei-Städte-Staat

Berlin und Hamburg gelten verwaltungstechnisch ebenso als kreisfreie Städte wie als Länder der Bundesrepublik und werden deshalb auch als »Stadtstaaten« bezeichnet. Gelegentlich fällt in diesem Zusammenhang auch Bremens Name, aber da es als Bundesland von den zwei kreisfreien Städten Bremen und Bremerhaven gebildet wird, ist es kein Stadt- sondern ein Zwei-Städte-Staat.

Zwieback → Bremer Einback

Zwinger → Braut, Bräutigam und der Ostertorszwinger

Die Fuhre Torf hat → Jan von Moor in Findorff verhandelt, jetzt treidelt er sein Torfschiff auf dem Torfkanal entlang von Bürgerpark und Stadtwald in Richtung Kleine Wümme auf dem Weg zurück ins Teufelsmoor. Foto aufgenommen von Heinrich Franzen im Sommer 1925

Literatur

Adam von Bremen: Hamburgische Kirchengeschichte [= Gesta Hammaburgensis ecclesiae pontificum], Leipzig 1893 [zur Weser und ihren dt. Namen S. 7 und siehe in der Originalschrift Capitulum II (https://la.wikisource.org/wiki/Gesta_Hammaburgensis_Pontificum_Liber_I#Capitulum_2.) und besonders für Visurgis die dt. Übersetzung von J.C.M. Laurent unter: https://de.wikisource.org/wiki/Hamburgische_Kirchengeschichte/Erstes_Buch#cite_note-3; beide URLs abgerufen am 17.3.2016]

Adamietz, Horst: Herz einer Stadt. Das Rathaus in Bremen, Bremen [1970]

Ders.: Die fünfziger Jahre. Bremer Parlamentarier 1951–1959, Bremen 1978

Arbeitsgemeinschaft Bremer Schule e.V. (Hg.): In der Altstadt. Erzählungen zur bremischen Heimatkunde, Bremen 1964

Banse, Horst: Das Isen – Ein alter Brauch und seine Mißdeutung. In: Bremisches Jahrbuch, Bd. 58 (1980), S. 219–222

Barfuß, Karl Marten/Hartmut Müller/Daniel Tilgner (Hg.): Die Geschichte der Freien Hansestadt Bremen von 1945 bis 2005, Band 1: 1945–1969, Bremen 2008, und Band 2: 1970–1989, Bremen 2010

Literatur

Bargstedt, Stefan: Platt! Wo und wie Plattdeutsch ist, Bremen 2008

Berthold, Klaus: Bremer Kaufmannsfeste. Rituale, Gebräuche und Tischsitten der bremischen Kaufmannschaft, herausgegeben von der Handelskammer Bremen, Bremen 2007

Bremische Biographie 1912–1962. Herausgegeben von der Historischen Gesellschaft zu Bremen und dem Staatsarchiv Bremen, bearbeitet von Wilhelm Lührs, Bremen 1969

Bubke, Karolin: Die Bremer Stadtmauer. Schriftliche Überlieferung und archäologische Befunde eines mittelalterlichen Befestigungsbauwerks, Bremen 2007 [= Veröffentlichungen aus dem Staatsarchiv der Freien Hansestadt Bremen, Bd. 68, hg. von Adolf E. Hofmeister]

Busche, Hans-Otto: Rolands Restposten. Anekdoten und Geschichten mit Hafengeruch und Salzwassergeschmack, [Bremen] [1999]

Bullerdiek, Jörn/Daniel Tilgner (Hg.): Lloydmissionen. Robert Claessens' Fahrten um die Welt 1891–1955, Bremen 2012

Döscher, Lüder: Bremer Rathaus-Plaudereien, Bremen 1967

Ders.: 3 mal ist Bremer Recht. Rathausplaudereien, Bremen 1978

Dünnbier, Ernst B.R.: Von Bremer Jantjes, Fastmokers und Poppedeideis (mit Hafenlexikon), Bremen [1983]

Ders.: Bremer Schnack. Mal unterkühlt, nie heftig – meist geradeaus, oft deftig…, Bremen 1984

Ders.: Bremen best. Bremen: liebenswert, lobenswert, lebenswert. Gesehen und besehen von Ernst B.R. Dünnbier. Zeichnungen Margret Rink, Bremen 1995

Ders.: Bremische und maritime Gabelbissen. Aufgespießt und vergnüglich serviert von Ernst B.R. Dünnbier und illustriert von Margret Rink, Bremen 1996

Ders.: Auf gut bremisch… beobachtet, zugehört, aufgeschrieben – so wie es klingt und verstanden werden soll – als Erklärungsversuch auch für Nichtbremer und illustriert von Margret Rink, Bremen 1997

Elmshäuser, Konrad: Geschichte Bremens, München 2007

Literatur

[erschienen in: Wissen in der Beck'schen Reihe]

Frenzel, Andreas: Das Bismarck- und die Preußendenkmäler in Bremen um 1900. Zur Rezeption des ›Klassischen‹ im deutschen Kaiserreich (unveröffentliches Manuskript)

Gutmann, Hermann/Volker Ernsting: Was'n in Bremen so ißt, Bremen 1982

Gutmann, Hermann: Roland mit de spitzen Knee. Marktplatzgeschichten, Bremen 2. Aufl. 1993

Ders.: Bremer Bräuche oder: Was die Franzosen mit Rolands Geburtstag zu tun haben, Bremen 5. Auflage 2002

Ders.: Mit Wein leben in Bremen und umzu. Herausgegeben von der Bremer Landesbank Kreditanstalt Oldenburg – Girozentrale, Bremen 2003

Ders.: »Darf ich bitten?« 100 Jahre Tanzschule Schipfer-Hausa. Eine Bremer Tanzgeschichte, Bremen 2006

Ders. (Hg.): Das große Ada Halenza-Buch. Die besten Geschichten von »Mada und Kede« und der Roman »Seinerzeit zu meiner Zeit«, Bremen 2011

Halenza, Ada: Seinerzeit ... zu meiner Zeit. Eine heitere Familiengeschichte, Köln und Hagen [1949]

Dies.: Madda und Kede und andere lustige Geschichten aus Bremen. Mit Zeichnungen von Herbert Wellmann, Bremen 1954

Dies.: Glauben anner Menschheit is hin – und andere Erkenntnisse von Madda und Kede, Bremen 1980

Hofmann, Sigrid (Hg.): Bremen-Nord in den Fünfzigern. Vertrautes, Kurioses und längst Vergessenes festgehalten mit der Leica, Schwanewede o.J.

Holzner-Rabe, Christine: Das Wallbuch. Der Wegweiser durch die Bremer Wallanlagen, Bremen 2001

Jansen, Hans G./Renate Meyer-Braun: Bremen in der Nachkriegszeit 1945 – 1949. Politik, Wirtschaft, Gesellschaft, Bremen 1990

Jarchow, Wolfgang/Lothar Klimek/Oskar Weldman: bremisches. wo einer leicht überhin kuckt, Bremen 1998

Kaisen-Anekdoten. Nacherzählt von Reinhard Uhde und illustriert von Heinz Fuchs, Bremen 1978

Kasten, Hans: Plattdütsche Snäcke. Gesammelt von Hans Kasten, Bremen 1946

Kippenberg, Anton: Geschichten aus einer alten Hansestadt, Leipzig 1936

Kloos, Werner: Gut Bremisch Essen und Trinken, Bremen 1966

Ders.: Bremer Kinder und ihr Spielzeug. Ein Almanach von Werner Kloos. Porträts und Illustrationen aus den Sammlungen des Focke-Museums, Bremen 1969

Ders./Reinhold Thiel: Bremer Lexikon. Ein Schlüssel zu Bremen, Bremen 3. Aufl. 1997

König, Johann-Günther: Heini Holtenbeen, Fisch-Lucie und andere Bremer Originale. Ein Wiederbelebungsversuch, Bremen 1990

Ders.: Bremen in aller Welt. Über 20 Bremen-Orte, viele Schiffe, Straßennamen und andere Bremensien, Bremen und Boston 1998

Koster, Peter: Chronik der kaiserlichen freien Reichs- und Hansestadt Bremen 1600–1700, bearbeitet und herausgegeben von Hartmut Müller, Bremen 2004

Kreye, Walter A./Volker Ernsting: Was'n in Bremen so sacht und wo ein fein auf hören muß!, Bremen o.J. [1973], überarbeitete Neuausgabe Bremen 1984

Landesbildstelle Bremen (Hg.): Augenblicke. Bremen gestern und heute, Bremen 5. Aufl. 2004

Lerbs, Karl: Lachende Erben und andere Anekdoten nebst einer kleinen Naturgeschichte des Bremers, Bremen 1949

Ders.: Die besten Bremischen Anekdoten. Mit einer Auskunft über Karl Lerbs von Jürgen Dierking, Bremen 1993

Lohmann, Fritz: Das Bremer Wappen. Vom Himmelsschlüssel zum Stadtsignet, Bremen 2010

Lutze, Eberhard: Bremen. Aufgenommen von Lala Aufsberg, München 1953

Mester, Hans-Peter: Findorff 1860–1945. Ein photografischer Streifzug, Bremen 1997

Ders.: Findorff. Die Jahre nach dem Krieg. Ein fotografischer Streifzug, Bremen 2002

Meyer, Hans Hermann: 1895: Kranzbinden. In: Kloft, Hans/Martina Rudloff (Red.): Feste und Bräuche in Bremen. Beiträge zur Kultur- und Sozial-

Literatur

geschichte der Hansestadt. Festschrift zum hundertsten Geburtstag des Focke-Museums [= Jahrbuch der Wittheit 1999/2000], Bremen 2000, S. 188

Meyer, Hanns: Das Bremer Gesicht. Ein Wegweiser durch das alte und das neue Bremen, Bremen 1934

Ders.: Gastliches Bremen. Von Gästen und Gastereien, von Gasthöfen und Lustbarkeiten im Wandel der Zeiten, Bremen 1959

Meyer-Roland, Fritz (Text)/Franz Scheper (Fotos): Bremer Spezialitäten, Bremen 1974

Mielsch, Beate: Kunst im Bremer Stadtbild. Ein Führer zu den öffentlichen Kunstwerken in der Freien Hansestadt Bremen. Herausgegeben vom Senator für Bildung, Wissenschaft und Kunst, Bremen 1984

Müller-Arnecke, Fritz: Das Rathaus zu Bremen. Erinnerungen seines Baubetreuers der Jahre 1955–1959, Bremen 1995

Peters, Fritz: Freimarkt in Bremen. Geschichte eines Jahrmarkts, Bremen 1962, mit einem Nachtrag von Wilhelm Lührs neu erschienen, ebenda 1985

Porsch, Monika: Bremer Straßenlexikon. Gesamtausgabe, Bremen 2003

Ders.: Zwölf Jahre Bremen 1945–1956. Eine Chronik von Fritz Peters, Bremen 1976

Reischauer, Peter: Unvorbereitet wie ich mich habe. Bremen für Tischredner, Bremen 1988

Ruempler, Götz: Die Bremer Dom-Maus. Geschichte, Geschichten und »Mäuse-Latein«, Bremen 2009

Ders.: Eine Jakobus-Figur in vierfacher Ausfertigung! In: Dom-Nachrichten. Februar bis April 2009, Nr. 1, S. 13–15

Schaefer, Thomas: Wer liegt wo? Prominente auf Bremer Friedhöfen, Bremen [1998]

Schlottau, Klaus/Daniel Tilgner: Der Bremer Überseehafen, Bremen 2. Aufl. 2005

Schmidt-Barrien, Heinrich: Aus dem alten Bremen. Kulturgeschichtliche Streifzüge, Osterholz-Scharmbeck 1989/90

Schumacher, Wolfgang: August Hagedorn ... und gerecht gegenüber jedermann. Erinnerungen an den ersten Nachkriegspräsidenten der Bremischen Bürgerschaft, Bremen 1988

Literatur

Schwarzwälder, Herbert: Berühmte Bremer. München 1972

Ders.: Das große Bremen-Lexikon, 2 Bde., Bremen 2. Aufl. 2003 u. Ergänzungsband A–Z, Bremen 2008

Seebacher, Wendelin/Dieter Cordes: Ostertor. Herausgegeben von der Bremischen Gesellschaft für Stadterneuerung, Stadtentwicklung und Wohnungsbau m.b.H., Bremerhaven [1987]

Spitta, Theodor: Das »Isen«. In: Kleine Bettlektüre für freisinnige Bremer. Leckerbissen für alle weserwassergetauften, weltmeersüchtigen, rolandstapferen Bremer, Bremerhavener und Bremervördener, ausgewählt von Katharina Steiner, München 1978, S. 116–119

Spreckelsen, Heinrich von: Verschollener Wortschatz aus Bremens Vorzeit, Clausthal-Zellerfeld 1997 [erschienen in der Schriftenreihe der »Maus«]

Steilen, Diedrich: Tagenbaren högt sik. Bremischer Volkshumor, Bremen 1941 [= Roland-Bücherei, Bd. 6]

Stein, Rudolf: Bremer Barock und Rokoko. Erhaltene und verlorene Baudenkmäler als Kultur- und Geschichtsdokumente [= Forschungen zur Geschichte der Bau- und Kunstdenkmäler in Bremen, Bd. 3], Bremen 1960

Tardel, Hermann: Bremen im Sprichwort, Reim und Volkslied, Bremen 1947

Tilgner, Daniel: Kleines Lexikon Hamburger Begriffe, Hamburg 11. Aufl. 2012

Tiling, Eberhard: Versuch eines bremisch-niedersächsischen Wörterbuchs, worin nicht nur die in und um Bremen, sondern auch fast in ganz Niedersachsen gebräuchliche eigenthümische Mundart nebst den schon veralteten Wörtern und Redensarten in bremischen Gesetzen, Urkunden und Diplomen, gesammelt, zugleich auch nach einer behutsamen Sprachforschung, und aus Vergleichung alter und neuer verwandter Dialekte, erkläret sind. Fünf Teile, Bremen 1767–1771

zuhause in Bremen. Ein Wegweiser durch die Hansestadt, Bremen 3. Aufl. 1973 (darin 93–96: »Das kleine Tagenbaren-Abc«)

Abbildungen

Nicht in allen Fällen konnten die Bildquellen ermittelt werden. Der Verlag bittet gegebenenfalls um Nachricht.

Art und Media GmbH 115; Manfred Borchers 138; Heiner Bremer 205; Bremer Zentrum für Baukultur, b.zb 177, 181 o./u., 206; Michael Hennig 37; Jürgen Howaldt 31, 43, 62, 84 u., 85, 135, 185 r.; Florian Huxmann 97; InBev Deutschland 19; Fotopostkarten 35, 55, 60, 88, 89 u., 107, 132, 133, 159, 200 u.; Freunde der Bremer Straßenbahn 214/215; Kraft Foods 14, 81, 100, 118; Torsten Krüger 30, 38 l., 47, 48, 57, 101, 104, 126, 146, 156 o., 158, 163; Landesamt für Denkmalpflege 151; Landesinstitut für Schule/Zentrum für Medien 9, 10, 21, 50, 93, 94/95, 161 l., 161 r. (Michael Schnelle), 207, 217; Landesmuseum für Kunst und Kultur Bremen, Focke-Museum 4 (Hans Saebens), 23, 27 o., 33 r., 34, 73 l., 169, 172, 188; Library of Congress, Washington, D.C. 92, 148; Magistrat der Stadt Bremerhaven 64; Militärische Antiquitäten Helmut Weitzke, Hamburg 84 o.; Jochen Mönch 28, 49 l., 56, 79, 122, 143, 156 u., 164, 167, 209, 210; Nordsee-Zeitung, Archiv 17; Peter Rath 36; Sammlung Schwarzwälder 22, 29, 75 l., 109; Schulmuseum Bremen 113; Senatskanzlei Bremen 38 r., 184, 185 l.; Staatsarchiv Bremen 13, 67, 111, 127 u., 182, 212, 213; Jochen Stoss 180; Wilhelm Tacke 105, 114; Daniel Tilgner 33 l., 89 o./u., 106, 131, 141, 153, 165 u., 179, 193, 203; Titel- und Umschlagsillustrationen (Ada Halenza: Madda und Kede, Bremen 1954) 49 r.; Titel- und Umschlagsillustrationen (Die Familie Meierdierks, 1953) 128; Andreas Uecker 176; Unterweser Reederei GmbH Bremerhaven 202; Verlag Neegenbargs-Heide 76/77; Verlagsarchiv 27 u., 39, 61, 73 r., 86, 119, 127 o., 152, 165 o., 173, 174/175, 178, 186 (und Umschlag), 195, 206 o./u., 208; Verlagsarchiv/Helmuth Gumprecht 24, 69, 75 r., 102, 103, 136/137, 199, 200 o., 201; Verlagsarchiv/Werner Krysl 25, 71; Klaus Wolf 12, 52; Angelika Wolter/Pixelio 211

Impressum

Die Deutsche Nationalbibliothek verzeichnet diese Publikation in der Deutschen Nationalbibliografie; detaillierte bibliografische Daten sind im Internet über http://dnb.d-nb.de abrufbar.

6. Auflage 2021

© EDITION TEMMEN e.K.
Hohenlohestraße 21 · 28209 Bremen · Tel. 0421-34843-0
info@edition-temmen.de · www.edition-temmen.de

ISBN 978-3-86108-592-8